にこだわる政治をしよう！

嘉田由紀子

風媒社

いま、希望の種を埋め込むために

二〇一二年十二月十六日、東京都内のホテルの衆議院議員選挙速報会場。「日本未来の党の惨敗で、党首としてはどう責任をとるのですか?」とマスコミインタビューを受けました。

私は「選挙区では二人、比例区で七名が当選しました。比例区では三百万人を超える方にご支持をいただきました。小党乱立で脱原発を訴える政党は共倒れでしたが、いま目の前の経済問題などが有権者の選択基準となり、原発リスクは遠いものと思われているのではないでしょうか。いつかきっと日本人はわかってくれますよ」と笑顔で応えました。

負け惜しみではなく、「原発・エネルギー問題」は「少子高齢化」や「国家財政破綻」問題と同じように長期戦になると感じたのです。いずれも、省益中心、利益団体の権益におもねて、国家として必要な政策イノベーションが機能しない日本の官僚制度の制度疲労にその根があります。

前著『知事は何ができるのか――「日本病」の治療は地域から』では、「みっつのもったいない」をマニフェストにかかげて、二〇〇六年に琵琶湖研究の学者から滋賀県知事に転身してからの政策実現の経過を報告しました。

「税金の無駄遣い、もったいない」と、新幹線新駅やダムなど、必要性・緊急性の低い公共事業を中止して、一千億円を超える税金の節約を果たしました。「子ども・若者の生きる力、そこなったらもったいない」として、子育て、若者雇用、女性の仕事場づくりに精魂を注ぎました。「自然のめぐみ、こわしたらもったいない」と、琵琶湖の生態系保全や在来魚の再生、湖と人びととのかかわりの再生などに取り組んできました。

国直轄のダム事業の凍結など、知事として裁量のない分野にも切り込み、霞ヶ関と闘うことができました。未来世代にこれ以上借金を増やさないためでもあります。

しかし、3・11以降直面した原発問題は、ダム問題よりもはるかにやっかいでした。まず、利害関係者の構図が複雑です。経済界、学会の利益を霞ヶ関官僚が予算と権限をもって強固に支える構造をつくっています。その経済界も、全国で十の電力会社に分散した地域独占企業が中央集権とつながり、点が線となります。また各電力会社は下請け、孫受け会社などのネットワークを面的に拡げています。町の電気工事屋さんも、地域独占の電力会社の系列にはいっていたりします。電力会社は経営側と労働側がタテにつながり、労働組合組織として原発推進派の代表を地方政治や国政に送り込んでいます。そのうえ、マスコミが系列を活用して、人々の社会意識を永年にわたり支配してきました。

日本未来の党の代表代行だった飯田哲也さんはこのような原発をとりまく社会的基盤を「原子力ムラ」と名づけましたが、言い得て妙です。同質社会の中で批判をゆるさず、共同利益をもとめる相互扶助組織という意味で、日本の村落社会の組織体質と共通しています。

ただ、ホンモノの村落社会を長年研究してきた私からすると、村落社会にあって原子力ムラにないものがふたつあります。ひとつは、鎮守の森、つまり神社に象徴される哲学です。深い暗い森への信仰のように、人間の限界を知り自然を畏れる謙虚さです。もうひとつはお寺さんです。先祖を敬い、子孫につなぐいのちのバトンタッチ、そのつながりの一瞬に自らが存在するという思想。今だけ経済的に得だからと「ええとこどり」をして、核のゴミは子孫につけまわす、などホンモノの村社会では許されません。自由民主党が「日本をとり戻す」と主張するなら、いのちのつながりと自然の仕組みに敬意をはらって「保守本流」の哲学に戻るべきでしょう。

本書では、まず第1章で「原発再稼動をめぐる攻防」として、関西のいのちの水源である琵琶湖を守りたいという一心から、一知事が原発ゼロをめざそうとしたら、そこにどのような攻防があり、挫折しながらもどのように「卒原発」の声をひろげてきたかを詳しくたどります。とくに二〇一二年の大飯原発三・四号機の再稼動をめぐる大騒ぎの陰に何があったのか、滋賀県だけでなく、関西広域連合の中での意思決定にかかわった当事者として語ります。

第2章では、「世界を暮らしの仕組みから見る」として、なぜ私が、原発ゼロ政策や子育てなど、「いのちを守る」「保守」的政策を求めるのか、埼玉県の養蚕農家で生まれ育った私の自己省察からはじめ、いのちと農業を大切に思う農本主義的な思想が私の背景にあることを、子ども時代の母からの教えなどを振り返ります。そして中学校の修学旅行で琵琶湖・比叡山に出会い、関西の大学への思いを強めたこと、「人間とは何か」という根源の問いをかかえてのアフリカ探検への道すじ、アメリカ留学、結婚、子産み、子育て、家庭と仕事の両立の悩みなど、人生のふり返りと経験が、知事としての政策の優先度を決めてきた背景を語ります。

第3章では、「今、地域から問う」として、国の霞ヶ関の省庁縦割り政策ではみえない政策、できない政策を、ダム問題を中心に問題提起します。政治主導といいながら、なぜ日本では政治主導が成り立ちにくいのか、フランスなどの地方首長が国会で連携的役割をしている実例を紹介。日本と比較しながら地方と国をつなぐ仕組みを提案します。

第4章では、「政治は未来への約束」として、二〇一二年十二月の衆議院議員選挙に日本未来の党の党首として国政への政策提言をすることになった政治的経緯、その後の未来の党の政策展開などをたどります。そして、今後の日本の政治に期待したい若者、女性など多様な政治家を育てる場として私が塾長としてはじめた「未来政治塾」で見えてきたことを紹介します。たとえば、阪神淡路大震災に出あうことで、自らが自治の覚悟をもった若手首長が生まれています。また、3・11の被災地である福島から社会的意識に目覚めた子どもたちが育っています。いま政治が何をきめるかが、二十～三十年後の日本への布石になるのです。いま希望の種を埋め込むことが必要なのです。

この春、自由民主党の安倍晋三総理は、地震国トルコや、核不拡散条約を批准していないインドに、原発輸出を約束しました。これは核の危険を世界にばらまくことになります。また六月上旬に公表されたアベノミクス三本の矢の、最後の成長戦略のひとつに、「原発推進」があげられています。

安倍さん、本当にいいの？　国際的に責任もてますか？　子どもたちに説明できますか？　疑問をもっておられる方には是非とも本書を読んでいただきたいと思います。

「美しい日本」をめざす保守本流の安倍総理であるなら、奥様の昭恵さんのご意見にも耳を傾け、「原発のリスク」から少しでも国民のいのちと自然を守るための政策にも心をくだいてほしいと願います。私はけっして原理主義者ではありません。現場、当事者意識に即した柔軟な判断をモットーとしています。具体的で実務的な県政をあずかる知事として、地域の未来に安心を埋め込もう、美しい日本を子どもたちに手渡したいと思うのです。そう願えば願うほど、地震多発地帯の日本が地震頻発時代にはいった今、一日もはやく、原発ゼロを実現する「卒原発」を実現したいのです。

「エンピツ一本の勇気」で政治は変わります。滋賀県民の人たちが私に託してくれたように、一票は尊いパワーがあります。

皆さん、いっしょに安心の未来をつくっていきましょう。そのためにも、政治への参加は大事な大事な架け橋の一歩になります。

二〇一三年六月十三日　四十年目の結婚記念日に、琵琶湖畔にて

嘉田由紀子

いのちにこだわる政治をしよう！　◉目次

第1章　原発再稼働をめぐる攻防——知事に何ができないか

「いのちの水」が汚される

ニシビアラシ。真西から琵琶湖に吹き付ける風を、滋賀の人たちはこう呼びます。西高東低の冬型の気圧配置のとき、若狭湾などの方から流れ込む冷たく強い風が、県下全域に広がる現象。西日も吹き飛ばされそうな勢いの風だから、こうした表現が生まれたのでしょう。

琵琶湖を中心に、山に囲まれた複雑な地形の滋賀は、地域や季節によってさまざまな風が吹きます。とくに漁師たちにとっては、風向きや強さがその日の漁の仕方を決める重要な情報です。だから「ニシビアラシ」や「イブキオロシ」をはじめ、風にはそれぞれに名前が付いています。

その風が、放射性物質を運んできたら――。

私は中学、高校の修学旅行で琵琶湖の美しさに魅せられ、大学時代には琵琶湖畔の農村社会の仕組みを調査、一九八一年に琵琶湖研究所準備室の研究員として滋賀県に採用されてからは三十年以上、琵琶湖の研究に精魂を注いできました。そのころから、福井の敦賀原発や美浜原発で万が一何かあったら滋賀は大変なことになると想像していたのです。ただ、知事になってからもそう思っていましたが、県のトップの立場で言うには重い発言になってしまうと、胸の内にしまいこんでいました。

東京電力福島第一原発の事故によってその迷いは一気に吹き飛ばされました。これはもう、口をつぐむわけにはいかない、と。

滋賀県の北西に位置する福井県の若狭湾岸には、関西電力の高浜、大飯、美浜、日本原子力発電の敦賀の各原発と高速増殖炉「もんじゅ」を合わせて十四基の原発が立地しています。それらの原発による放射能汚染がもしあったら。それが琵琶湖の場合には、特別に大きな意味があります。大阪、京都を含む関西圏千四百五十万人の人々の「いのちの水」が汚されてしまうからです。

いま若狭湾岸の原発に万一の事故が起きて、「ニシビアラシ」の風が放射性物質を運んできたら、琵琶湖はひとたまりもありません。水道供給はストップし、人々の日常生活はもちろん、農業や工業生産も大きな影響を受けるでしょう。昭和四十年代以降、リンを含む合成洗剤を追放する「石けん運動」など、琵琶湖の水質や生態系保全のために力を尽くしてきた滋賀県民の努力はあっという間に水泡に帰し、かわりに関西圏の受難の時が始まるでしょう。

3・11の教訓から考えれば、大げさな話ではありません。あの日を境に、すべての常識が変

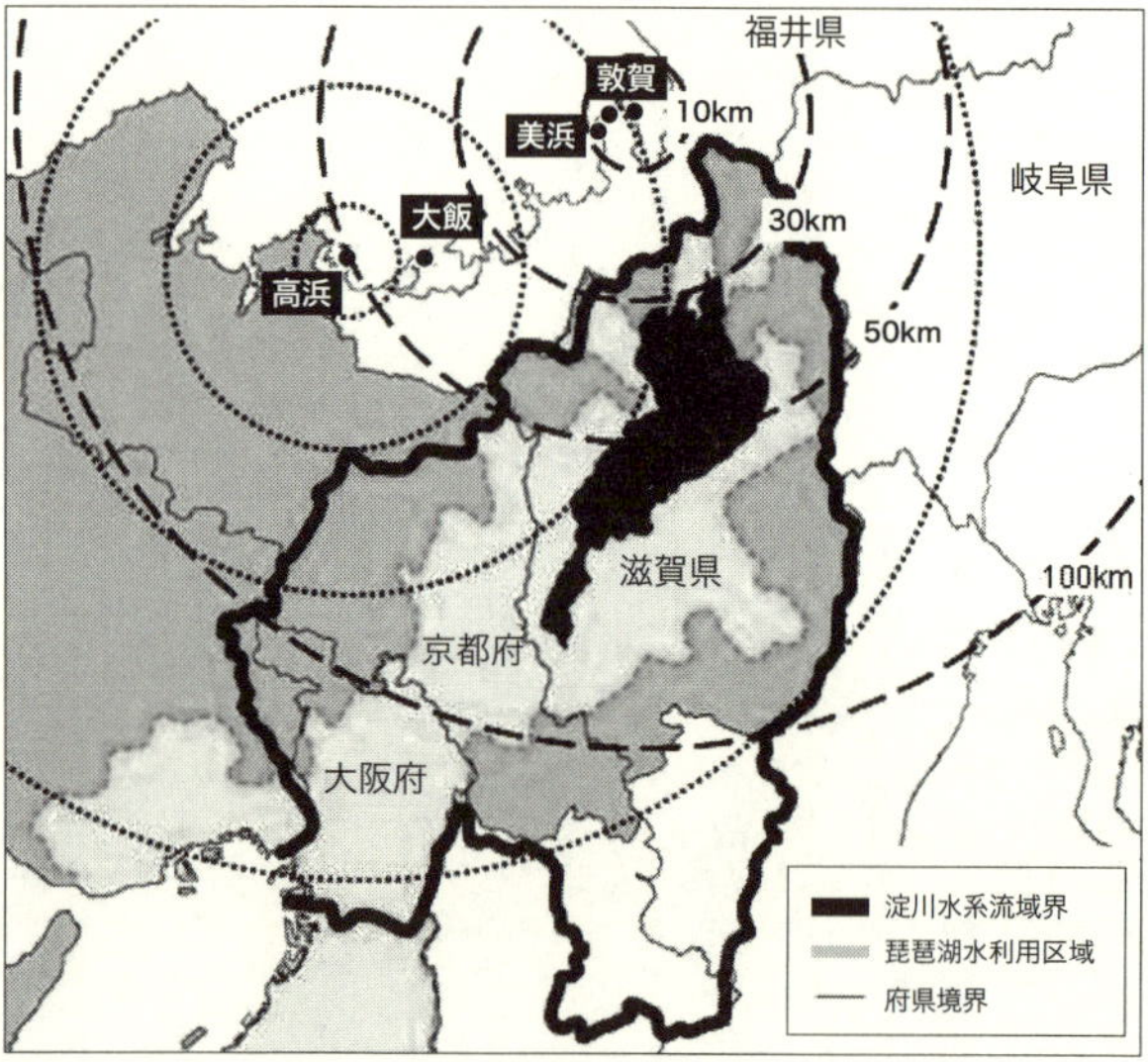

琵琶湖水飲用区域と若狭湾岸原子力発電所立地

わり、安全神話が崩れたのですから。

福島、浜岡、そして若狭は？

東日本大震災の発災直後、私はその影響の大きさからして、遠隔地からの支援が必要だろうと直感的に考えました。幸い四カ月前の二〇一〇年十二月一日、府県域を越える広域連合としては全国初の「関西広域連合」が発足していました。いまは大阪市長の橋下徹・大阪府知事、京都府の山田啓二知事、そして私の三人が共同で取り組んできた琵琶湖・淀川水系のダム問題などに端を発し、防災や観光、文化振興、産業振興、医療、環境保全などの分野で連携を密にするための枠組みです。将来的には港湾や国道、河川の一体的な計画や管理など、国の出先機関の受け皿として事務や権限が委譲されることも目指し、熱心な議論を繰り返してきました。

発災翌日の二〇一一年三月十二日、広域連合長の井戸敏三・兵庫県知事から呼び掛けがあり、翌十三日に二府五県の知事が集まりました。十六年前の阪神・淡路大震災の被災地である関西だからこそ、その経験と教訓を生かし、広域連合として関西が一つにまとまり、持てる力を結集して被災地の支援をおこなうことを確認。「被災地対策」「支援物資等の提供」「応援要員の派遣」「避難生活等の受け入れ」の四つの活動を柱に、府県別に相手県を決める「カウンターパート方式」で、滋賀は京都と共に福島支援に当たることになりました。

そして同時に、広域連合として関西電力に対し、琵琶湖は関西千四百五十万人のいのちの水源であり、若狭湾岸に万一の事故があったら関西全体の危機となることを強く訴え、安全対策を要請することにしたのです。

四月には関電のほか、敦賀原発を運用する日本原子力発電株式会社、高速増殖炉もんじゅを運用する日本原子力研究開発機構に対して、「安全対策」「情報提供と定期的な協議の場の設定」「自然エネルギー導入への積極的な取り組み」の三点を求めました。

五月、当時の菅直人首相が静岡県の浜岡原発の停止を中部電力に要請。画期的な判断ではありましたが、残念ながら若狭湾岸の原発については言及がありませんでした。若狭湾岸には老朽化した原発が多く、敦賀一号機は福島第一と同じ米GE製「マークI」型の原子炉で、石橋克彦・神戸大名誉教授らが活断層や津波の危険性を「原発震災」として警鐘を鳴らし続けていました。若狭湾岸の原発への対処も予断を許さないという危機感が日々募っていきました。

被害地元はあまりに「無権利」

そこで私は、福島の事故で情報開示が遅れ、住民の避難に生かせなかったと問題になっていた「緊急時迅速放射能影響予測ネットワークシステム（SPEEDI）」のデータを、滋賀県にも提供するよう国に求めました。五月二十三日にはSPEEDIデータ解析本部である文科省所管の財団法人「原子力安全技術センター」を自ら訪問し、数土幸夫理事長らから直接説明を聞き、資料の提供を依頼しました。ところが所管の文部科学省は、「滋賀は原発から十キロ圏内ではない」といった理由でまったく情報を出しません。当時、国の原子力安全委員会が定めていた原発事故による「防災対策を重点的に充実すべき地域の範囲（ＥＰＺ）」が、原発を中心とした半径十キロの圏内に限られていたからです。しかし現実を見てください。福島では原発から四十キロ以上離れた飯舘村で高濃度の汚染が発覚し、全村民六千人が避難を余儀なくされました。若狭湾岸から十三キロで県境に達し、関西圏千四百五十万人の水源を抱える滋賀県に何の影響もないはずはありません。

対照的に、原発立地県である福井県には十分な情報や権利が与えられていました。多額の地域交付金もさまざまな寄付金も出されていました。県境を越えたとたん、情報は何も出されなくなり、モニタリング費用さえ滋賀県独自で拠出し、安全協定も結ばれておりません。被害が想定される地域を私自身「被害地元」と名づけ、ここはあまりにも無権利状態であり、ハイリスクであることを訴えました。「立地地元」と「被害地元」のおかれた状況の違いは何なのだろう。

原発が国策であるなら、国にものを言っていくしかない。今から思えば、それが二〇一二年十二月の衆議院議員選挙で、私自身が「未来の党」をつくり党首として「国政」に直接ものを言っていくしかないと、強く意識した出来事でした。

このときは、国が変わるのを待っている余裕はない。自分たちでやるしかないと決断し、私は滋賀県独自の放射能拡散予測シミュレーションを含めた地域避難計画づくりに取りかかりました。

しかし実際にどうすればいいか。単にコンパスで同心円を描くのでは非科学的です。何よりも適切な避難行程を示さないと住民の避難行動につながらず、事前に備えることもできません。いろいろと調べているうちに、滋賀県の琵琶湖環境科学研究センターにSPEEDIと同等の大気拡散モデルが、光化学スモッグの予測で活用されていることがわかりました。このセンターは私が最初に就職した「琵琶湖研究所」が発展した研究センターでした。そこでこのセンターのモデルを使って、若狭湾岸の原発事故を想定した放射能拡散シミュレーションを実施。時間はかかりましたが、具体的で詳細な原発事故の影響予測が浮かび上がりました。

このデータの公表に向けては、県内の防災担当者や市町長と繰り返し協議しました。一部市長からは「データを公表して人心を混乱させることは納得できない。少なくとも自分の市の部分については空白にしてほしい」といった要望が出ました。「市民には危機情報は公開する必要はない」という秘密主義的市長などはまだまだ日本には多いです。この市長が特別ではありませんが、私は「行政がもっている危機情報はできるだけ公開し、住民と情報を共有するなかで行政、住民ともに力をあわせていのちを守る仕組みをつくりたい」という哲学をもっています。「参加型民主主義」ともいえるものです。市民であっても同時に滋賀県民です。私は「県民の安全をあずかる知事の責任として、丁寧な説明とともに公表に踏み切りたい」と判断し、押し切って公表しました。

しかし、結果としてこの市とは険悪な関係が続き、滋賀県職員は、福祉や高校教育など他の分野でも、関係改善のエネルギーを注がねばならず、迷惑をかけてしまいました。行政において、「調整」という名のエネルギーの大きさが、行政職員に新しいことを躊躇させ、前例踏襲に踏みとどまらせる経験則であることを、この市との関係では思い知らされました。

県独自のシミュレーション

二〇一一年十一月二十五日、滋賀県は「地域防災計画（原子力災害対策編）の見直しに係る検討委員会」を開き、独自シミュレーションの結果を公表しました。福島第一原発事故時の三月十五日に放出したと推定されるヨウ素131などと同量の放射性物質が福井県の美浜原発から放出されたとき、滋賀県内にどのような影響があるかを示した図です。

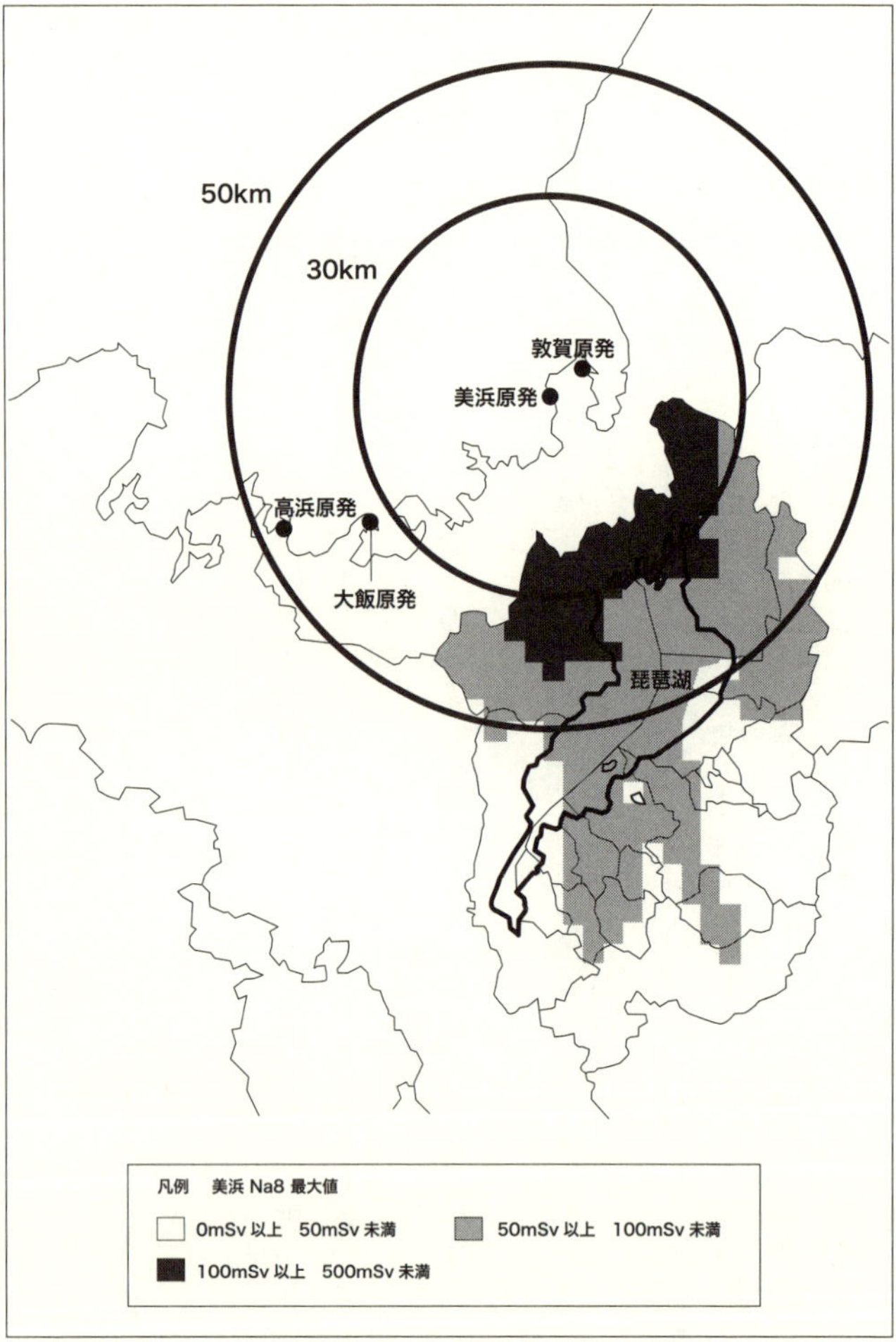

福島第一原発事故想定による滋賀県内の屋内避難地域（福井の美浜原発想定で、滋賀県内のみ表示、2011 年 11 月 25 日滋賀県公開）

二〇一〇年のアメダスの気象データを基に、滋賀県に影響が大きくなると考えられる日を月に五日、年間で六十日抽出し、拡散のシミュレーションを出して、その最高濃度となる範囲を示しました。「屋内退避」が必要とされる一〇〇―五〇〇ミリシーベルトのエリアは、高島市の旧マキノ町、今津町、安曇川町や長浜市の旧西浅井町、余呉町など琵琶湖北部にまで及びました。五〇―一〇〇ミリシーベルトで、安定ヨウ素剤の予防服用の防護措置をとるべき範囲は長浜市全域、米原市、高島市の南半分から琵琶湖上を横切り、近江八幡市や野洲市、草津市、栗東《りっとう》市、湖南市、東近江市や日野町など県下のほぼ全域まで広がりました。放射能拡散のリスクは琵琶湖上にまで広がることが科学的に明らかになったのです。

ここで示したのはあくまで参考事例で、さらに雨や雪で地表に届く放射性物質の量を計算し、長期的な影響を調べる必要があります。また、センターには大気中の物質が雨を通じて琵琶湖にどれだけ流入するかを予測できる別のシステムがあり、放射性物質の琵琶湖への影響にも活用できるかどうかを現在研究中です。琵琶湖に降り注いだ放射能の確実なモニタリングと、水質や生物に対する影響を調べるモデルなども現在、開発中です。

いずれにしても、放射能拡散予測モデルを原発立地県の隣接自治体として実際に提示したのは全国初で、大きな反響を呼びました。この取り組みと相前後して、国の原子力安全委員会も原発防災の区分けを見直し、十キロ圏のＥＰＺに代わって、おおむね五キロ圏のＰＡＺ（予防的防護措置を準備する区域）、同三十キロ圏のＵＰＺ（緊急時防護措置を準備する区域）、同五十キロ圏のＰＰＡ（プルーム通過時の被ばくを避けるための防護区域）という三区域への再編を検討し始めました。滋賀県にとっては若狭湾岸の原発から三十キロ圏のＵＰＺに位置づけられることになります。

この後、ＳＰＥＥＤＩデータも二〇一三年一月末になって、ようやく原発立地県の隣接県にも提供するという方針が国（文部科学省）から示されました。最初に国に直接要望をしてから、実に一年半もの時間がかかりました。

納得できない国の判断

ところが、それからも国の姿勢は根本的に変わっていないと痛感し続けることになります。家庭、企業のさまざまな節電努力によって震災一年目の夏の電力危機は乗り越えられました。福島の事故は収束にはほど遠く、十五万人以上もの人たちが散り散りに避難生活を続ける現実。にもかかわらず、電力会社は原発再稼働のお墨付きをもらうためのストレステストの結果を「原子力安全・保安院」に提出するなど、原発依存社会に戻すためのレールを着々と敷いていきます。

震災二年目に入って、霞ヶ関では再稼働を見据えた動きがあからさまに表面化してきました。焦点になったのは原発依存度の高い関電が保有する大飯原発三・四号機。滋賀の県境から約二十キロ離れた福井県大飯町の若狭湾岸に立地しています。原発の防災区域がUPZの三十キロ圏にまで広がるのなら、大飯原発の再稼働において圏内に入る滋賀県の意向は無視できないことになるはずです。

ところが二〇一二年三月十六日、当時の藤村修官房長官は記者会見で、「滋賀県は同意が必要な地元に含まれない」と発言しました。「再稼働と防災の三十キロとは内容的に全然違う。再稼働と何か絡めてということではない」という理屈をつけ、再稼働の事前説明はこれまでと同様、十キロ圏内の自治体に限定すると言い放ったのです。

私は耳を疑いました。そして怒りがこみ上げてきました。これだけ原発のすぐ近くで、科学的な放射能汚染の予測も示した被害地元が「無関係」だなんて。すぐさま、県庁の記者会見でこう主張しました。

「政府は福島の原発事故をどう思っているのか。UPZをなぜ広げたのか。原発の近さ、怖さは東京からは見えない。関西のいのちの水源である琵琶湖をあずかる者として、再稼働と防災が無関係だというのは根っこから理解できない。京都や関西広域連合とも連携し、官房長官、最終的な責任が首相なら首相に説明を求めたい」

そして、原子力安全・保安院にも説明を求めました。すると約二週間後、保安院の審議官が滋賀県庁にやって来ました。「本当に保安院が来るなんて」と県職員はびっくりしたようですが、私は国が説明に来て当然だと思っていました。被害を受けるのは私たちなんですから。しかし、保安院の説明は官房長官の発言の趣旨と変わらず、とうてい納得できるものではありませんでした。

そのとき、同じように憤りを感じていたのはお隣の京都府の山田知事です。同じ日に保安院の説明を受け、納得できなかった山田知事と私は「京都と滋賀だけでも声を上げよう」と意気投合しました。

国は矢継ぎ早に手を打ってきます。四月六日、再稼働にあたっての安全性に関する判断基準が発表されました。基準は大きく分けて三つあり、「基準一」は地震・津波による全電源喪失を防ぐための電源や冷却・注水設備などの安全対策がとられていること、「基準二」は福島のような燃料損傷には至らないという国の確認があること、「基準三」はストレステストの結果などを踏まえたさらなる安全対策の実施計画と、新たな規制にも迅速に対応し、自主的な安全措置をとり続けていく事業姿勢が明確に示されていること。基準一、二は福島事故を踏まえた応急措置、基準三は事業者の体質改善を含めた恒久措置と言えますが、三つの基準の関係は不明確で、いかにも場当たり的。一般の国民が理解、納得できるものとは思えませんでした。大阪の橋下市長も「こんな形で再稼働がおこなわれたら本当に危ない。きのうのきょうで暫定的な安全基準なんてつくれるわけがない。もう民主党政権はもたない」などと痛烈に批判していました。しかし三日後の四月九日、この判断基準に照らして大飯三、四号機はおおむね適合していると野田佳彦総理はじめ関係四大臣が判断、十四日には枝野幸男経産大臣が福井県を訪れて、西川一誠知事に大飯再稼働の協力を要請したのです。

そうした中で私は山田知事とともに四月十二日には大飯原発をあらためて一緒に視察したうえで、野田総理と枝野大臣あてに「国民的理解のための原発政策への提言」という共同宣言文をまとめました。それは再稼働への判断に当たって、国民的な理解のために以下の七項目の実現が不可欠であるという提案です。歴史的意味もふくめて、ここに転記しておきます。

七項目の提言を発表

一、中立性の確立――政治的な見解ではなく信頼のおける中立的な機関による専門的な判断を――

エネルギー供給対策と安全対策を一つの官庁で行うことは利益相反する場合があり、原子力規制庁の早期設置が必要である。未だできていないことは大変遺憾であるが、少なくともそれに匹敵する原子力安全委員会や専門家の客観的かつ明確な意見が政治的な判断の基礎として重要不可欠であると考える。また、今夏の電力需給状況についても、事業者の提出資料だけで判断するのではなく、第三者委員会を設け、公平にその需給状況を点検することが必要である。さらに確固たる安全体制づくりに向けて、地元自治体と地元住民参加の仕組みの創設を図り、安全性を住民とともに追求する意識の醸成を図るべきである。

二、透明性の確保――国民の納得できる情報公開を――

福島原発事故の詳細なデータの公表、事故原因の徹底した解明と公表、電力需給状況に係る資料の完全な公開など、国民理解を得るためには、まず国民の判断基準となる情報を徹底的に公開すべきである。

三、福島原発事故を踏まえた安全性の実現――免震事務棟、防潮堤などの恒久的な対策ができない段階における安全性の説明を――

福島原発事故の原因追及を徹底し、政府の「東京電力福島原子力発電所における事故調査・検証委員会」の最終報告を本来待つべきである。それだけに、大飯発電所三・四号機については、これまで実施された応急措置（基準一、基準二）と恒久措置（基準三）の関係を明らかにし、恒久措置に代わる安全性が担保されているか、恒久措置の実行が担保されているか、また、その過程は適切かなど、再稼働の問題点を明らかにすべきである。

四、緊急性の証明――

事故調査が終わらない段階において再稼働するだけの客観的データ等による検証を行うとともに、需要のピークカット対策の強化や、電力確保対策の積み上げを徹底して行うべきであり、中長期的な確保策も含め、国民に全体像を示すことにより、国民の参加・協力を求めるべきである。

五、中長期的な見通しの提示――脱原発依存の実現の工程表を示し、それまでの核燃料サイクルの見通しを――

長期的なエネルギー計画の作成とエネルギー供給体制の透明化、自由化、民主化に関する対策を示すとともに、再生可能エネルギーや新産業の育成により、国際的にも最先端のエネルギー環境産業の推進を図るべきである。とくに関西は、再生可能エネルギーや蓄電技術の先端産業集積が進んでおり、地元産業の育成、支援を図るべきである。また、使用済み核燃料については、大飯発電所でも、あと六―七年で使用済み核燃料プールは満杯となる。最終処理体制の確立に国として真剣に取り組み、その工程を示すべきである。さらに、旧型の原発や老朽化した原発、地震・津波による危険性が高い地域に立地する原発の廃炉計画などを示し、政府の主張する「脱原発依存」社会への移行を目指した工程表を提示すべきである。

六、事故の場合の対応の確立――オフサイトセンターの整備やマックス2、スピーディーなどのシステムの整備とそれに伴う避難体制の確立を――

事故を起こさない事が何よりも重要であるが、起きた時の対策についても福島原発事故を踏まえ早急に構築すべきであり、その際には、機能しなかったオフサイトセンター、情報提供されなかったスピーディーの予測など、福島原発事故の教訓を徹底的に踏まえた対策を構築すべきである。

七、福島原発事故被害者の徹底救済と福井県に対する配慮について——東京電力はもちろんのこと、国においても福島原発事故被害者に責任を持って対応するとともに、福井県の今までの努力に対し配慮を——

京都府と滋賀県は、東日本大震災直後から、関西広域連合の一員として共同して、福島県の復旧・復興支援に取り組んできたところであり、その受難のありさまを目の当たりにしてきた。福島原発事故の健康上、環境上、社会経済上の影響は甚大であり、その救済を国は東京電力に任せることなく、自ら徹底的に救済に当たることが信頼確保のためにも必要である。

また、関西では一九七〇年代初頭より、若狭湾岸の原子力発電所により、安定的な電力の供給をいただき、関西の都市化と経済発展を可能としてきた。その間にとられた福井県の安全確保の努力を多とし、感謝の気持ちを込め、経済面等、福井県に対する国としての全面的配慮を求めるものである。

福井は大臣、滋賀は副大臣

この七項目の提言は四月十七日に山田知事と私の連名で発表、国に回答を求めました。私は国が本気で説得する気なら、枝野大臣が滋賀にも来ていただくべきだと公言しました。福井には枝野大臣が直接足を運んでいるのですから。しかし翌週の二十三日、経産相から滋賀と京都に派遣されたのは牧野聖修・副大臣でした。福井とはあからさまに差をつけようという魂胆がみえみえのやり方です。

副大臣からは、大飯再稼働に関する政府の判断、とくに「安全性」の担保と電力供給の「必要性」についての説明を受けました。文書では「現時点での最大限得られる事故原因及び事象進展の理解に基づいて『三十の対策』を取りまとめ、その成果を『判断基準』に反映させている」などと主張。いずれも原発の安全性については議論が尽くされ、再稼働に向けた体制は確立できているといったうわべの言葉ばかり。とても納得できる回答ではありませんでした。

滋賀県は原子力防災に関し、専門家から意見をうかがう原子力防災専門委員会を設置し、五月一日に初会合を開くことになっていました。京大防災研究所巨大災害研究センターの牧紀男准教授を委員長に、石橋克彦・神戸大名誉教授にも委員になっていただき、私たちの七項目の提言と、それに対する国の回答についても議論していただいたのです。

石橋名誉教授は国の回答や判断基準に対して、「全体を通じて、福島第一原発事故の教訓を踏まえた基準となっていない。国の姿勢が弱いと感じる」「ストレステストは机上の計算であり、もっとソースをイメージして評価するべきである」「若狭湾には浜岡のような大津波襲来の切迫性はないというが、プレート境界がないから大きな津波がこないとは言い切れない。若狭湾の地形を考慮するべきだ」などと厳しく批判。他の委員からも防災計画や避難計画、地元自治体や住民の安全性チェックへの参加の仕組みづくりについて議論の余地があるとの指摘や、判断基準一、二の応急措置に加えて基準三の恒久措置が必要というなら、その措置もしたうえでの再稼働でないと国民は安心できない、などの本質的な疑問が示されました。会合には原子力安全・保安院の黒木慎一審議官にも出席していただきましたが、基本的には牧野副大臣と同じ説明にとどまりました。

その日の夕方、県内の経済団体と関西電力の幹部を県庁に招き、夏の電力需給状況についての意見交換会を開きました。関電幹部は、大飯の再稼働がなければ電力供給が一六・三％不足するとの数値を示し、それを受けて企業側から「電力不足は心配であり、安定供給と値上げ回避をお願いしたい」という意見が強く出されました。私は危機を乗り切った昨年の経験も踏まえて精査が必要であり、政府の需給検証委員会での議論を待ちたいと伝えました。

再稼働大合唱の背後には

しかし、国はもちろん経済界からの圧力は日増しに高まっていきます。このころ、大企業から中小企業まで、県内の各経済団体の会合に出席しましたが、どこに行っても「大飯を動かせ」の大合唱。前年の夏は節電に協力してくれた大企業の工場長も「再稼働しないとやっていけない」「電気が止まったらどうする」と迫ります。挙げ句の果てにはこうも言われました。

「県が電気をつくってくれるのか」

どうしてこういう理屈になるのか、私には理解できませんでした。滋賀にはさまざまな製造業の工場が立地しており、とくに二十四時間、クリーンルームなどを動かしている半導体製造業や、ガラスを造る窯業のように大量の電気を使う企業にとって、電気が一瞬でも止まればすべての生産が台なしになってしまいます。まさに電気は生命線です。それはわかっていますが、電気の供給義務は独占供給体制が法律でも決められている関西電力にあるのです。関電はいまだに役員の報酬すら明かさず、物品調達も八割以上が随意契約とされる高コスト体質です。こうした自らの経営努力や体質改善を棚に上げ、とにかく再稼働できなければ計画停電になるぞ、電気を送れないぞと企業側の不安をあおりに回っていたとしか思えません。そして行政として責任のとれないところに責任をとらされる。その理不尽さに、怒りがいっそうこみあげてきました。

同時に、私は原発事故後、あらためて立地地元の動き方に疑問をもちました。確かに昭和四十年代から、福井により安全担保がなされ、関西の電力供給が担保されてきました。でも万一原発事故が起きたら、最も大きな被害を受けるかもしれないのは福井県の地元住民と地元の地域環境です。それは福島の事故で証明されたはずです。被害はないことを前提に、地域振興と地域経済への配慮から、福井主導で再稼動が決まっていく。原発立地県というのはそれほど強大な影響力を有しているようです。立地地元の意向に従ってすべてが動き、物事が決まっていく……。そして「被害地元」はかやの外に……。

「いのち」への備え

それでも滋賀県行政としてできること、やらねばならぬことはたくさんありました。それは私が政治家としてこだわる「いのち」の問題でもあります。

仮に計画停電となった場合、病院などの医療機関や人工呼吸器などの電気機器に頼っている患者は深刻な影響を受けます。電気と引き換えに人命を脅かすわけにはいきません。私は四月から五月にかけて、県内すべての病院や診療所、入所福祉施設、そして在宅療養者を対象に、自家発電装置などの設置状況と人工呼吸器使用などについての実態把握を進めるよう担当部署に指示しました。その結果、病院や入所福祉施設に関しては、自家発電装置や補助用バッテリー、手動機器などを保有していて、一定の対応ができることがわかったのです。

例えば医療機関では、滋賀県全体の五十九病院のうち、五十五の病院が自家発電に対応していました。残りの四病院は精神系の病院などで緊急の対応は限られるのですが、中に一病院だけ産科を持っているところがありました。そこでも、いざというときには患者の転院などを考えているとのことでした。こうした医療機関には非常用電源の整備を要請しましたが、もしできなければ県が代わりの電源装置を供給することを議会で予算化する準備もしていました。

また、人工透析は二十七の病院、十三の診療所で二千九百一人の患者を抱えていましたが、すべて自家発電装置がありました。計画停電に対しては各医療機関で連携し、透析の開始時間を変更するなどの対応も考えられます。

入所福祉施設では、人工呼吸器を使用している人が二十四人。すべて「びわこ学園」という社会福祉法人の施設で、自家発電装置がありました。酸素吸入を受けている人、あるいは痰《たん》吸引を受けている人に対しても、自家発電や酸素ボンベなどで対応してもらえます。

懸念されるのは在宅療養者です。基本的には外部バッテリーなどを備えている家庭がほとんどでしたが、人工呼吸器患者で外部バッテリーを保有していない人が六人、酸素吸入を受けている人でバッテリーのない人が二十八人、痰の吸引で充電できる機器を保有していない人が二百五十人に上りました。それぞれ手動に切り替えるとか、酸素ボンベを準備するとかの対応が必要となります。どうしても在宅で対応できない場合には、一時的に入院していただいたり、自家発電機を貸し出したりすることで対応に当たります。

いずれにしても、こうしたいわば「電力弱者」の方々は水害でも地震でも、いざ災害というときに最も考慮しなければならない要援護者です。もちろん落雷などでも停電は起こりますから、普段から備えるべきところは備えておかなければならないのです。今回、こうして徹底調査したことによって、一層の対応の必要性を痛感しました。

「原発を動かさなければ人命が危うくなる」といろんな方が主張しました。野田総理も再稼働の理由に「経済」と「いのち」をあげていました。しかし、なぜ計画停電のときだけ「いのち」を強調するのでしょうか。水害や地震、あるいは雷雨による停電など、普段からそうした方たちはどれだけいのちと向き合っているのでしょうか。

自治体はここまで備えているのです。それがなぜ霞ヶ関や電力会社にはわからないのか。その認識の「ずれ」はますます広がっているように思えました。

訪中さなかの大臣出席

再稼働や計画停電の議論がかまびすしい中、私は五月十六日の夜から、中国への出張が決まっていました。滋賀県内の環境関連企業の販路拡大と観光誘客を進めるため、友好姉妹協定を結ぶ湖南省などを訪れることになっていたのです。帰国は二十日の予定でした。

私が最初に中国を訪問したのは琵琶湖研究所時代の一九八三年。同省との姉妹協定の初年度に、環境使節団の一員として派遣されたのが最初です。当時の上海・虹橋空港の周辺は野菜畑が広がり、周囲には水路が走り、船が主要な移動手段でした。訪問した人民公社でごちそうになった食事の味が濃厚で、シイタケが新鮮でおいしかったことを今でも覚えています。そのとき「なぜこんなに野菜がおいしいのか」と質問したら、「し尿を肥料に使っているから」と答えられました。

その後の中国の変化は目を見張るほどです。太湖などの湖沼調査でたびたび訪れていた中国ですが、虹橋空港周辺の訪問は二十九年ぶりでした。虹橋空港周辺は高層ビルが立ち並び、高速道路が何重にも張り巡らされていました。浦東空港とは地下鉄でつながり、北京からの新幹線も開通しています。それでも、空港横の水路では四つ手網で魚とりをする男性の姿。かつての生活の記憶がかすかに残されていて、懐かしさを感じました。

湖南省では省長らの歓待を受け、一年後の友好協定三十周年に向けて、これまで同省から滋賀県に派遣された百九十人の技術研修生との再会や子どもたちの交流など、さまざまな企画を進めることを確認。盛大な花火大会を見せていただいたり、貿易博覧会の開幕式に参加できたりと、充実した訪中となりました。

その最中の十九日、大阪では関西広域連合の委員会が開かれていました。私は荒川敦副知事を代理に立て、「滋賀県としては『七項目』にこだわり続ける」意向を伝えるよう指示。そのうえで、中国からも秘書課との電話やメールを通じて状況把握に努めていました。

そこで意外な知らせを受けました。当時環境省の細野豪志大臣が、急きょ会議に出席することになったというのです。このタイミングでなぜ。何を言いに来るのか。細野大臣の出席は十七日ごろに決まったそうですが、私にはまったく知らされませんでした。細野さんが来るのがわかっていたら、中国出張をとりやめていたかもしれません。

帰国後、委員会では荒川副知事が私の意向通りに滋賀県の立場を表明したとの報告を受けました。「七項目」の一つめの「原子力規制行政に地域自治体と住民の参画を法制化すること」について、細野大臣から前向きの回答を得られたことなども知らされます。

しかし、すでに雲行きは急速に怪しくなっていたのです。

広域連合も白旗あげる

大阪府と大阪市は二月から合同で、今後のエネルギー戦略について政策提言する「府市エネルギー戦略会議」を設置。京都大大学院の植田和弘教授を筆頭に、元経産省大臣官房付の古賀茂明さん、そして環境エネルギー政策研究所所長の飯田哲也さんらが委員となり、突っ込んだ議論が繰り広げられていました。その五月の会議に向け、私は古賀さん、飯田さんが関電とともに具体的な数値などを盛り込んで「原発再稼働なしで夏は乗り切れる」とする案を用意していると聞いていました。それが会議で認められれば、間違いなく大飯再稼働はストップするでしょう。私はそれを当てにしていたところがありました。

ところが、先の関西広域連合委員会の三日後、五月二十二日に開かれた府市エネルギー戦略会議に、飯田さんたちの案は提出されませんでした。その理由は非常に複雑な駆け引きが入り組んでいてはっきりしていない部分が多いのですが、飯田さんは「関電の後ろで経産省や原発官僚が羽交い締めにして、再稼働に不利な資料やデータは出させないようにしていた」と公言しています。

私はこの前後の流れを見ていて、橋下市長、細野大臣、そして裏で仙石由人・元民主党副代表らの間で話ができていたのだと推測しています。「原発ゼロ」「再稼働はあり得ない」と発言していた橋下さんが、コロッと態度を変えてしまったのは細野さんが出席した十九日の会議の後のことです。「再稼動したら民主党政権がもたない」とまで批判していた再稼働条件の安全基準について、中身は変わっていないのに「政府は暫定的だと認めた。だから仕方ない」という理屈で再稼働容認に傾いてしまったのです。

五月三十日、鳥取県で再び関西広域連合の委員会が開かれました。十九日に引き続き細野大臣が出席するとのこと。私は直前まで、自分の主張を決めかねていました。会議が始まると、細野大臣は案の定、「安全基準は暫定的」だと述べ、新しい原子力規制庁の発足後、より厳しい安全基準で再稼働が適正だったか評価するからと、大飯の再稼働に理解を求めました。私は橋下さんの変わりようを思いました。暫定的だけれど動かす、というストーリーが、裏ですでにできていたようです。

午前中の会議が終わり、昼過ぎ。連合長の井戸知事も、広域連合が何と言おうと国は決めてしまっている、だったらせめて「限定的稼働」という条件をつけて再稼働を認めようと、事実上のゴーサインを出しました。

私は大変迷いました。大飯原発の安全性は何も高まっていない。それでも「限定的稼動」を認めてよいのか。ここで私一人が反対する選択肢もなくはなかったのです。しかし、広域連合が全体として動かないと意味がない。京都の山田さんも悩んでおられました。私は最後の抵抗として、「夏を越えたら止めるんですね」とクギを刺しました。

その日、関西広域連合として発表したのは次の声明です。

「関西地域は四十年以上にわたって若狭湾に立地する原発から安定的な電力を受け、産業の振興と住民生活の向上が図られてきた。福井県が独自に厳しい監視体制をとってきた。関西電力大飯原発三、四号機が再稼働の時期を迎え、関西広域連合は東京電力福島第一原発の事故を踏まえ、安全性が確認できなければ再稼働すべきではないとの立場から、政府に三度申し入れを行い、十九日と三十日に説明を受けた。『原発の再起動にあたっての安全性に関する判断基準』は、原子力規制庁などの規制機関が発足していない中での暫定的な判断基準であることから、政府の安全判断についても暫定的なものである。大飯原発の再稼働については政府の暫定的な安全判断であることを前提に、限定的なものとして適切な判断をされるよう強く求める」

橋下さんの心がわり

「関西広域連合も大飯再稼働を容認」というニュースが報じられると、その日から滋賀県庁にＦＡＸやメールが殺到しました。「なぜ認めたのか」「嘉田は裏切った」。一週間で百通以上になりました。批判的な意見はとくに県外の人から目立ちました。

それでも私はまだ、夏の節電期間が終わったら止める、というかすかな希望を持っていました。それこそ橋下さんに期待を残していたのです。しかし、その期待も雲散霧消しました。八月末、橋下さんと二人で話をしました。橋下さんはこう言いました。

「僕は原発の専門家じゃない。判断は専門家に任せる。専門家から言ってきたことを受け止めることが政治だ」

私は二人で歯止めをかけよう、と説得しようとしたのですが、だめでした。「嘉田さんは研究者だからご自分で決めて」と。やはり私とは立場が違うのだと思いました。橋下さんは本当に自分が何をやりたいのかではなくて、常に世間やマスコミ、ネット世論に受けるか受けないかでものを考えてしまう。だから主張が変わりやすい。その矛盾を突くと、言った人間が袋だたきにあってしまう。

九月、橋下さんは日本維新の会として国政選挙を狙う姿勢を明確にし、原発に対してはさらにトーンダウンしました。九月中旬には府市エネルギー戦略会議も事実上ストップ。大飯の再稼働後の評価もうやむやになっていきました。結局、いったん動かしたら止めようがない。それがこの国の現実だったのです。

水道型社会とわき水型社会

私は原発依存に象徴される社会を「水道型社会」と呼んでいます。電気はスイッチをいれて使うだけ。電源にも思いを致さず、電気の質を選ぶことができない、単なる消費者となる。水も同様です。水を飲みたくなったら、自分は蛇口をひねるだけ。お金を払えばすぐに供給してもらえます。どこに水源があり、どんな専門家が何をしているのかは関係ありません。行政や専門家など供給側がすべてを独占して決め、需要側には選択肢がないのです。別の表現で「遠い水」に依存する社会とも私は名づけました。水道という大きな仕組みの中で、たれ落ちてくる水を待っている状態。それを「水滴効果」（トリックルダウン効果）と呼びます。

一九七〇年代にアメリカの大学院に留学をして、開発経済学を学んだ時、盛んにこのトリックルダウン効果を強調していた大学教師が多かったことが印象に残っています。しかし、私はそのアメリカ的経済理論に違和感をもちました。ここでは人びとは、単なる「消費者」、無力な消費者になっています。

これに対して、私が理想とするのは「わき水型社会」を加えた複合経済です。「わき水型社会」とは、水源を自分たちで掘り当て、自力でその水を飲む。水を飲む時には「飲水思源」の思想に寄り添い、水の源に思いをはせることができる社会。そして自分が何かをすることで生活の糧を得られる社会。このような水の状態を「近い水」と名づけました。農林水産業者をはじめ、家庭の主婦も、障がい者も、自分たちで生活物資の供給にかかわり、生活者であると同時に生産者でもある、自分の力で稼げる社会。多様な住民が自らの能力と覚悟で活躍できる、その仕組みをつくることが政治家の役割です。

エネルギー問題に敷衍すると、遠くでつくられた電気を一方的にもらうだけでなく、再生可能エネルギーを導入して、地域で電気をつくり、地域でお金を回す仕組みが「近いエネルギー」です。今も滋賀県で一部の地域に残されている「かばた」と呼ばれる井戸水の仕組みは「近い水」です。家の中に井戸水やわき水を確保して、生活用水に活用する。それは非常時の水の確保、つまり防災になり、強い地域をつくることにもなります。何よりも家の中にわき水があり、コイが泳ぎ、ヨシノボリやコブナなどの小魚が身近にいてくれる暮らしは、心安らぎ、遊び心も満たしてくれる、楽しい場でもあります。

しかし、「かばた」は戦後の高度経済成長で、古くさい、前近代的な貧しさの象徴として、どんどんつぶされてしまいました。私は研究者として、本当に「もったいない」という思いでそれを見、「水と文化研究会」という自主組織をつくり、わき水や井戸水を残すための働きかけをしてきました。

水道型社会では、すべてがお金に換算され、環境や「いのち」が軽視されます。実体経済や人間の生活世界のバランスが崩れ、空洞化していきます。

現実は、水道型社会とわき水型社会が両方存在し、生活者が自ら選べる、選択肢のひろい社会が多くの人たちの幸せ感を育み、満足度、そして万一の時の安心感を高めることにつながるのではないか、と構想をして県政を進めています。

原発をゼロに！　一人の人間として言い続けたい

原発再稼働をめぐる攻防の中で、私は今の水道型社会の経済原理に屈してしまいました。それは、知事であることの限界でした。だから、知事を続けながら、国政に政策提言をおこなう場として、衆院選に「びわ湖宣言」を提示したのです。この指止まれ方式で、原発ゼロをめざす候補者の受け皿として、新党「日本未来の党」を結成し、原発ゼロを実現するための「卒原発」プログラムを提案し、党首として政策を日本中に訴えました。福島事故で苦しんでいる人たちのことを忘れずに、国際的に発信するべき日本の倫理としても、原発ゼロを目指すべきこと。具体的には、千四百五十万人のいのちの水源である琵琶湖が、若狭湾岸の原発リスクにさらされていること、被害地元という概念がいかに当事者にとって重要で、原発リスクが高いものであるのか、訴えました。私自身が国政政党に出たいと言ったわけでもないのですが、いかにも「知事は滋賀県を捨てて国政に出たいのだ」と、滋賀県内では流布され、県外では、「そもそもなぜ一知事が国政に意見を言うのか？」といぶかしがられました。結果は皆さんご存じの通りで、その真相は最終章でまとめてお伝えします。さらに最終章では「多重防護」という考え方のもと、いま自治体だからこそ可能な危機管理の哲学と実践についてまとめて提案します。

しかし、あの十二月の衆議院議員選挙での敗北を経験して、あらためて決断しました。これからも「原発ゼロ」は言い続けていきます。知事としてではなく、孫五人をもつ一人の人間として。

では、次章で一人の人間として、私の生い立ちをお話ししましょう。

第2章　私の原点——世界を暮らしの仕組みから見る

貧しい養蚕農家生まれ

私の実家は埼玉県本庄市。埼玉の最北部に位置する、のどかな地方都市です。今となっては新幹線の駅ができ、マンションが建て込むほど発展はしていますが、私が生まれたころは桑畑がひろがる中に民家が点在するだけの、あまり特色の見えないまちでした。ちなみに新幹線駅（上越新幹線「本庄早稲田駅」）の開業については長年、市議を務めた私の父や現職市議である姉もかかわりがありますので、後で少し触れることにします。

曾祖父、庄田種平
（1870-1950）70歳頃

とにかく父母、兄、姉、そして次女である私のほか、祖父や祖母、叔父や叔母も含めて多いときには十三人の大家族。戦前の地主でしたが農地解放の後は没落して、貧しい養蚕農家で、女性が働くのは当たり前という時代、身を粉にして家事も仕事もこなしていたのは母でした。

母は本庄市の語源ともなった地元の豪族「庄田

家」の家系に生まれた十一人きょうだいの長女。実家は村内では「堀の内」と呼ばれ、周りに堀がめぐらされて跳ね橋を通って入る大きな屋敷でした。その母の祖父、つまり私のひいおじいさんは駒場の東大に学ぶ農学者で、「農は国の元なり」という「農本主義」を後進に広める教育者でもあったようです。明治の近代化の過程で、あえて農業を基本に地域ごとの特産品を育て、地方を元気にして、さらに輸出で外貨を稼ぐ。今で言う国際化における地産地消の提唱者でもありました。私の母はその思想を徹底的にたたき込まれたようで、私は直接教えられたわけではないのに、ひいおじいさんに大いに共感する部分があります。ひょっとしたら私は、ひいおじいさんの生まれ変わりなのかもしれないと思うことがあります。

母、渡邉セン（1920-1996）20歳頃

そんな家系で育った母が嫁いだのは、太平洋戦争さなかの一九四三年。当時の軍国教育で「皇国子女」として満州に渡ることになっていたのを、ひいおじいさんに反対され、

母を見舞う父と私（深谷日赤病院、1954年頃）

地元の農家に嫁ぐことになったそうです。

その嫁ぎ先、つまり私の父方の家系は、戦後は農地改革で小作料収入を失った「没落農家」。それゆえ私が生まれたころは非常に貧しい家庭になっていました。ところが父も、父方の祖父も汗水流して働いた経験がほとんどない。結局「嫁は牛馬のごとく働け」と、旧来の家制度意識の中で母にすべての負担が押しつけられていました。そんな無理がたたり、私が生まれた後、母は結核にかかって入院したことがあるのですが、退院後も体調がすぐれず、自分でスプレトマイシンという抗生物質を注射しながら床に伏せていると、「寝込んでないで畑に行け、草取りに行け！」と祖父が夜となく昼となく迫ってくるほどでした。医療の進歩と母の一念で、数年後、母は結核を克服しました。

春から秋にかけて年五回ほど、朝から晩までお蚕さまを育て、冬場はネギやハクサイ、ヤマトイモなどをつくる生活。母は自分のご飯より先に「おかいこさん」に桑の葉をやり、ネギが穫れたら一本一本皮をむき、ハクサイは結球したら根を切って室《むろ》をつくり、ヤマトイモは「ひげ」をとってカルキの中に入れて真っ白に漂白する…。実に手間ひま掛かるのが当時の農作業でした。

「自給派」だった母の教え

そんな母の横で、幼いころの私はずっと畑仕事の手伝いをしていました。とはいえ大したことはできませんから、やることがなければしゃがみこんで、道ばたの草花をじーっとながめています。それに気づいた母は農作業の手を止めて、こう言って教えてくれました。

「この世に〝雑草〟ってものはないんだよ。植物にはそれぞれに名前があるんだよ」

そして一つひとつの呼び名を教えてくれました。「仏さんが座っているみたいにみえるだろう。だからホトケノザって言うんだよ」。踊子草とも言うピンクの花を見ると、今も母の教えを思いおこします。「葉っぱが重なっているからヤエムグラ。葉っぱに小さい棘がある から手にひっかかるんだよ」とひとつずつ説明をしてくれました。私が小学校にはいると、母が押し花標本をつくって夏休みの宿題にしてくれました。教えられた植物の名は、今も私の脳裏にしっかり刻まれています。

植物と言えば私が十歳くらいまで、家の周りの木は見栄えのする庭園用の「植木」はありましたが、生《な》り物は梅ぐらいしかありませんでした。「農家は梅以外、甘いものを植えてはいけない」というのが祖父の方針だったからです。江戸時代以来の、甘い味覚に対して農民が嗜好を深めることを恐れた領主からのお達しだとのこと、日本史で学びました。でも母の実家には柿をはじめ、当時本庄周辺では珍しかったミカンも桃も、いろんな果物の木がありました。農業による勧業をもくろんでいた曾祖父の植えた果物類でした。私はそれがうらやましかったし、母もそうしたかったようです。嫁ぎ先である父の祖父が亡くなると、母は真っ先に梅の隣に柿やミカン、桃やアンズの木を植え、ハナショウブなどの畑をつくりました。新しい植物を百種類ほど、母は植えました。まるで植物の楽園のように景色が多彩に変わったのが、子ども心にも感動的でした。

母は徹底した「自給派」でもありました。野菜はもちろん、みそ、しょう油まで、すべて自分の手でつくらなければ納得しない。小麦粉は昭和四十年代にはすでに輸入物が出回っていましたが、絶対に自分では買いません。家は利根川から遠く、米作には向いていなかったので周りは水田よりも小麦畑。自家製の小麦粉から作った母の手打ちうどんは本当においしかった。母は生涯、畑仕事に精を出し、最後まで小麦や野菜やゴマなどを作っていました。

「お母ちゃん、なんでそんなに百姓が好きなの?」

小さいころ、私は母にこんな問いかけをしました。それに対する母の答えを今でもはっきり覚えています。

「土にタネをまいて、芽が出てきて、土の中に〝いのち〟があるだろ!」

自然も好きだし、人の面倒を見るのも好きだった母。「忘己利他(己を忘れて他を利する)」という伝教大師の言葉は、母のような人生を言うのだろうと思います。

そんな母を慕いながら、私の人生観、世界観は育まれていきました。

恩師から学んだ挑戦する心

ただ、多感な少女時代は農家や「田舎」に対するコンプレックスもありました。小学生のとき、学級に農家の子は私を含めて二人だけ。他の子たちはピカピカの「ズック」を履いていたのに、私は下駄。今でも集合写真を見ると一目でわかります。

同級生にはピアノを習っている子もいました。「ピアノ！　そんなの習ってみたい…」というふうに、私の中で「田舎コンプレックス」と「都会へのあこがれ」が膨らんでいきました。高学年になると、兄が買ってきてくれた「キュリー夫人伝」を読んで、研究者にあこがれました。もちろん放射線の研究というわけではなく、夫婦でさっそうと自転車に乗って、パリの街を走り抜けているグラビア写真の情景にあこがれました。あんな研究者夫婦になれたらいいなあ、などと夢見ていたものでした。

中学に入ると、決定的な出会いがありました。中一の担任、萩原郷三先生です。気さくな自由人だった萩原先生に誘われ、私はブラスバンド部に入ってフルートを担当しました。ピカピカの楽器を演奏するなんて、まさにあこがれていた「都会」の世界。肺活量が不足してのちに小太鼓にうつりましたが、演奏活動にのめり込みながら、私は都会的なものが「自分化」していくのを感じていました。

萩原先生は山も好きで、部活動以外に私たちを山登りに連れて行ってくれました。農家生まれの私にとって、山登りというのもまた別世界。最初は恐る恐るついて行きましたが、次第に山の魅力にもとりつかれました。実はこの萩原先生が担任だったのは最初の一年間だけで、二年生になると別の学校になってしまったのです。それでも、なぜか先生はその後も私や友人に声を掛け、山に引き連れていってくれました。

中二では谷川岳を縦走するまでになります。がけの怖さに衝撃を受け、花の美しさに感動しました。萩原先生はそこで見つけた「マツムシソウ」「イワカガミ」など、花の名前をきちんと教えてくれました。私の母が草の名前を教えてくれたように。

「先生、あの山の向こうには何があるの？」

山頂を見晴らしながら私が問いかけると、先生はこう答えました。

「きーたん（当時の私のあだ名）、最後はアフリカだよ」

「アフリカ…私行けるかなあ」

「努力したら行けるさ！」

そんなふうに、私の中でだんだんと世界が開けてきます。努力したらいつか報われる。挑戦する気持ちを支えてくれたのが萩原先生という恩師だったのです。

そうして高校受験を迎え、一念発起した私は進学校の熊谷女子高校を目指しました。当時の本庄からしたら、熊谷はまた大変な都会です。「田舎コンプレックス」が出てきてビクビクしながら受験に臨みましたが、結果は合格。しかも入学式で新入生代表のあいさつを任されました。あいさつする子が受験生五百人中一番の成績だという話で、「本庄から行った子

高校入学式の日（1966年4月）

がトップになった」と地元では大騒ぎになったそうです。

　女子校ですから教師もみんな女性。「日本史」「古文」「英語」どの先生も凛《りん》としていて、担当教科について蕩々《とうとう》と語る。それがとても新鮮でした。こうやって女性が自分の世界をつくって活躍する時代が来るんだなあ、と。まさに今風に言うと『八重の桜』の「ならぬものはならぬ」という気概が感じられる女性教師の生き様でした。

　その分、校則は非常に細かくて、制服のボタンの直径まで決められ、わざわざ先生たちに測られました。ある日、校則で決められていた革ベルトの替わりに布ベルトをして歩いていたら、後ろから数学の先生にぐいっと引っ張られ、「あなた、これ校則違反でしょ！」としかられました。「なんで布ベルトがいけないんですか？」とさすがに反発心が芽生えて、校則を変えるために生徒会長になろうと思い立ち、会長選挙に立候補しました。それが人生初の「選挙」です。「なぜ校則にしばられなければいけないのか」とみんなの前で〝改革〟を主張して、晴れて当選しました。

女子校で自覚したリーダーシップ

実はそのころまでに、父は本庄の市議会議員になっていました。前述のように、母と違って父は農業でまっとうに働くのが苦手な派手な性格。当時からカメラを持ち歩くなどして、いつも出歩いていました。若いときは青年団、八木節クラブの会長、しばらくして農業委員や区長になり、そして三十代で市議会議員に。私は遊びの延長でそんな父の選挙カーに乗って、ウグイス嬢をやりました。いやではありませんでした。

父は市議会議員として市の発展に貢献するのだと、工場や学校の誘致にまめに走りまわっていました。とくに心血を注いだのが、早稲田大学の新キャンパスの誘致です。

「夜討ち朝駆け」が口ぐせだった父は、「先祖伝来の財産である土地を買収するのは一筋縄ではいかない」と言いながら、用地買収交渉に走り回りました。有勝寺山と地元で呼ばれていた山一つ（約百ヘクタール）に対して数十名を超える地権者と数年がかりの交渉を経て、

父の選挙（1960年頃）

一九六〇年代末に大学誘致のための広大な土地を廉価でまとめることに成功しました。ところが大学側は「交通が不便」「教員や学生が本庄をいやがる」と難色を示し、「早稲田大学本庄キャンパス」構想はお蔵入り。東京に近い所沢に早稲田キャンパスができることになりました。

本庄市にとっては「交通が不便」がトラウマとなっていたのです。八〇年代に入ると、「早稲田の森」といわれていた旧有勝寺山地先に、上越新幹線が通ることになりました。トラウマ解消のためにも「ここに駅を！」という悲願が浮かび上がってきました。その新幹線駅誘致の先頭に立ったのは、今度は父の地盤を間接的に引き継いで市議会議員に当選した私の姉です。姉は中学校教師をした後、主婦として三人の子どもを育てながら、不動産の宅地建物取引主任者の資格をとるほどの勉強家です。資格だけでなく、街づくりや都市計画に明るく、新駅を中心とした新しいまちづくりの議論に積極的に参加しました。地元も今回こそはと、十億円も寄付が集まるほどの盛り上がりを見せました。二〇〇四年、悲願の上越・長野新幹線「本庄早稲田駅」が開業。姉はその後も国連施設の誘致運動などに走り回りました。

結果的にそんな「政治一家」の血筋となりましたが、「ウグイス嬢」や「生徒会長」のころはまだ無邪気なものでした。高校では〝校則改革〟のほか、年に一度の文化祭で男子校と合同の討論会を企画するのが大仕事でした。普段は女子だらけのキャンパスで男子に会えるのですから、みんなワクワクドキドキ。私は討論会の開催にかこつけて、中学のころから好きだった男子と再会できるのを楽しみにしていました。そんな淡い動機もありましたが、生徒会長としての私は、今の政治家につながるリーダーシップを少なからず自覚していたのかもしれません。

時代は男女共学の方向ですが、日本の共学ではどうしても「男子が会長、女子は副会長」といったふうに、何もかも男性優位になりがちです。しかし女子校ならみんな女ですから、その中でリーダーシップをとる女性が生まれます。世界では議会や国の審議会などで一定の女性枠を設ける「クオータ制」も主流となりつつあり、女性政治家が極端に少ない日本は世界から見れば異様です。人間生活のすべての領域をカバーするべき政治の世界こそ、男性も女性も両方が参加してこそ、健全な社会発展が期待できます。しかし、家庭に閉じ込められてきた女性が政治の世界に進出するのはハンディが大きい。そこで、単に男女を一緒くたにするのでなく、女性のリーダーシップや能力を生かすために、「クオータ制」など、女性政治家の割り当て制度が広がっています。男女がバランスよく社会参加をするためには、それ相応の制度設計が必要です。女子校の生徒会活動を振り返ると、そんな思いをあらためて強くします。

アフリカに行きたくて「探検部」目指し大学受験

充実した高校生活も終盤に入り、進路を考えるころになって、影響を受けたのは京大探検部関係の書物でした。まず、中尾佐助の著書『栽培植物と農耕の起源』があります。たとえば、母と一緒に何気なく育ててきたゴマが、実は西アフリカ原産だとか、トマトやトウモロコシは南米から日本に入ってきたとかとても新鮮に感じられて、その起源のところに行ってみたいと思い始めました。

それから今西錦司らの『人類の誕生』、梅棹忠夫の『サバンナの記録』、小田実の『何でも見てやろう』などを読みあさりました。アフリカでの類人猿調査隊の活動をルポして、渥美清主演の映画にもなった片寄俊秀の『ブワナ・トシの歌』にも感銘を受けました。

アフリカに行きたい。どうすればいい？　そうか、探検部に入ったらアフリカに行けるかも――そんなふうに考えて、日本中の大学で探検部のあるところを探しました。

ただし、「農本主義」の家系ですから、受けるとしたら農学部。そして、関西の大学を狙いました。それは、中学高校の修学旅行で訪れた琵琶湖・滋賀県のイメージが頭にあったからです。

中三の修学旅行の行き先は比叡山延暦寺でした。杉木立の中の荘厳なる雰囲気、千年の歴史を感じさせる法灯、薬師如来像、伝教大師の教え…どれにも感動しました。比叡山ドライブウェイから、目の前に広がる琵琶湖を見て、こんな美しいところに住んでみたいと思ったものです。

高三の修学旅行は石山寺や三井寺。当時から歴史好きだった私は和辻哲郎の『古寺巡礼』を抱えて石山寺の周辺を仲間と散策しました。すると、道ばたの水路で女性が洗い物をしていました。苔むした水路にきれいな水が流れ、しかも生活に使われている。何気ない暮らしの風景の中に、歴史的な時間と生活の時間が折り重なっている。なんて素晴らしいところなんだろうと、また感激しました。

最終的に、京都大と京都府立大に絞って受験を決めました。とはいえ、生徒会の他にテニス部にも入っていて、高三の夏にはインターハイまで参加していましたから、そこから慌てて受験勉強です。当時、長野県の白馬村に学生村のような民宿村があって、そこに行き、集中的に勉強をしました。そこでたまたま出会ったのが、のちに日銀副総裁になる武藤敏郎さんで、受験勉強に出遅れていた私は必死にすがりついて数学などを教えてもらいました。

一九六九年、学園紛争の嵐が吹き荒れていたころです。東大の安田講堂で学生と機動隊が衝突する攻防戦がありました。激しい混乱の中で、東大の加藤一郎総長が今年の受験はないと宣言しました。一九六九年一月二十日だったと記憶しています。私はそれをテレビで見ていて、京大もきっと受験はなくなる、私の探検部入りの夢は終わると思いました。テレビの前で涙するほど落ち込んだのです。

それでも、京大は会場をキャンパス外に移して受験を実施。私は京都工芸繊維大学で、機動隊に守られる物々しい雰囲気の中で試験を受けました。そんな不安定な状態でしたが、ギリギリの滑り込みセーフといった感じだったんでしょう、晴れて京大に合格することができました。

「女人禁制」でも押しかけ部員に

当時の私にとって大学合格は通過点。目標はあくまで「アフリカ」。入学式の翌日には探検部のドアをノックして、入部を申し込もうとしました。

ところが、ダメだというのです。探検部は「女人禁制」だと。理由は、「女子が入ると男子部員の間で奪い合いになる」。

そんなの理由になってない、私は探検部に入るために京都に来たのに。怒りとショックでいっぱいでしたが、黙っているわけにはいかない。女人禁制なんてルールは撤廃して、私を入部させるべきだと、部長に直談判に行きました。それが、のちに夫になる嘉田良平でした。

結局、私の勢いに皆がおされて、正式な許可などないまま〝押しかけ〟状態で部員になってしまいました。とにかくアフリカに行きたいから、スワヒリ語などの勉強もはじめようと思いました。そこで、京大で文化人類学の教鞭をとり、アフリカ研究者でもおありの米山俊直先生を紹介され、自宅を訪ねました。すると先生はこう言いました。

「ちょうどいいところに来てくれた。まず、うちの娘の家庭教師をしてくれ」

それから毎週一回、米山先生のところで娘さんに家庭教師として数学を教えながら、米山先生からアフリカのことについて学びました。スワヒリ語の辞典をつくっていた和崎洋一先生も紹介してもらい、梅棹忠夫先生の創設した「近衛ロンド」というサロンにも参加。海外へのフィールドワークや京大式カードの使い方も含めて知識やノウハウは順調に身につけられました。

しかし、先立つものはありません。家庭教師だけではアフリカ行きの費用は貯まらない。通信教育の添削からデパートの売り子、ホテルのウエートレスまで、授業はそっちのけで毎日アルバイトをしてコツコツと稼いで、三年間で四十万円は貯金ができました。

当時、探検部が遠征するのに一番お金がかかったのは写真のフィルム代です。これは「学研」と交渉して、帰国したらすべて写真を提供するという約束でフィルムを提供してもらいました。カラーとモノクロと、カメラは二台持ちで、さあいよいよ準備万端となりました。直接飛行機でアフリカのどこかに行くほど予算はありません。そこで、できるだけ陸上を移動をして、アフリカを目指しました。

一九七一年、三年生の七月。出発地は横浜港。船で二日間かけてロシアのウラジオストクに着き、内陸のハバロフスクまではシベリア鉄道を使いました。そこから空路が比較的安かったのでアエロフロートに乗ってモスクワへ。そして南に下り、ウクライナのオデッサから船に乗って黒海を横断、トルコのイスタンブールを抜けてギリシャのアテネ経由でエジプトのアレキサンドリアに渡りました。

アレキサンドリアからは陸路でナイル川沿いに南下する予定だったのですが、スーダンで激しい内紛が続いていましたので、仕方なくカイロから飛行機に乗り、目的地であるケニアのナイロビまで飛びました。実に三週間ほどの長旅でした。

念願のアフリカ調査

ナイロビでアフリカ情報を入手して、いよいよタンザニアに移動しました。数日後には、キリマンジャロの麓のアルーシャを経て、京大探検隊の拠点があったマンゴーラ村にはいりました。そこでは、村人の家に住み込みました。まず農業を知りたかったので、水や食料をどう確保しているのか、農家の暮らしを一緒に体験しながら調べました。そこで発見したのは、何よりも水の大切さです。村には一本の川が流れていて、その水が飲み水にも、体を洗う水にも、畑や家畜の水にも使われていました。たった一本の川ですべての人のいのちがまかなわれていたのです。

遠いところからは、片道四キロの道をひょうたんを背負って水くみに来る牧畜民たちがいました。一杯十リットル程度の水を、家族五人で分け合うのです。本当に貴重な水だったので、私も一カ月は水を浴びずに過ごしました。

食事はトウモロコシのねりものの「ウガリ」や豆スープが主食。おいしいとは思えませんでしたが、毎日食べてだんだん慣れてきたと思ったころ、体にブツブツができるようになりました。最初は虫に食われたのかと思っていたのですが、たまたま他の日本人が来て見てもらったときに、「これは栄養失調、ビタミン不足だ。ヤギの生レバーを食べなさい」と言われました。そこで、居候させてもらっていた家の若者が、目の前でヤギの首を切り落とし、お腹を開いて取り出したレバーを、私はその場でむしゃぶりついたのです。生レバーなど、今でも食べないので、あれが最初で最後だったと思います。するとブツブツは本当に治りました。イスラムの断食であるラマダンも一週間、体験したのですが、夕日が沈んだとたんに食べられます。そのときの食事のおいしさったらありませんでした。

電気もガスも水道もないところで、人間の力は全開。女性は元気で、市場に出てどんどん商売をし、子どももよく働きます。男性は政治談義ばかりで、あまり当てになりません。でも視力は私たちの数倍もあります。恐ろしく遠くの動物たちの動きがはっきり見えます。

とにかくすべてが新しく知る世界で、人間とは何か、幸せとは、生きる意味とは、といったことを考えました。文明が発達したことで、人間はいかに多くのものを失っていったか。私の中で「発展」に対する意識が相対化されていきました。

アメリカ留学と長男の出産

半年間ほどの調査を終えて帰国後、四回生となって進学や就職を考えました。

当時はローマクラブが『成長の限界』を発表し、ストックホルムで国連の人間環境会議が開かれ、日本でも水俣病などの公害がクローズアップされていた時代でした。私は農業を技術論ではなくて、哲学論から突き詰めていくべきだと思い、大学院に進むなら坂本慶一先生について「農業原論」を専攻しようと思っていました。ただし、アフリカ研究もさらに深めたい。そのために海外留学も選択肢に入れていました。

就職活動もしましたが、企業担当者はあからさまに「オンナはいらない」と言い放ち、就職試験や説明会の会場にさえ入れなかったのが現実です。公務員か大学院に進学するか、結婚して専業主婦になるしかない。一九七三年のことです。当時の農学部生三百人中、三十人は女性だったのに、その三十人の力を生かす気が社会の中にまったくない。そんな日本がはなはだ疑問に思ったし、こんな男性ばかりの均一な社会には「未来」はないと、当時から危機感を抱きました。

結局、大学院の試験を受かり、進学することにしましたが、そのころはすでに修士を終えていた嘉田良平と結婚を前提に付き合っていました。彼は大学教員を目指してやはり留学を希望し、夏には米ウィスコンシン大学への留学が決まっていました。

私の方もちょうど京大がウィスコンシン大学との交換留学生制度をつくり、募集を始めたところでした。そこへ応募すると、うまく採用が決定し、第一号の交換留学生として、同じく夏からウィスコンシン大学に行くことが決まったのです。

そこで六月には結婚しました。急な話でしたが、良平さんの父は早く所帯をもつ方が安定する、と認めてくれました。八月末には二人でアメリカへ。彼は農業経済学、私は農村社会学を専攻。夫と協力して、慣れないアメリカでの研究者生活を乗り切っていきました。渡米から一年半ぐらいは順調だったのですが、一九七五年に長男を身ごもっていることがわかりました。五月には修士を終えましたが、つわりがひどくて、さすがにこのまま博士課程に入ることは無理と判断。九月に長男を出産してからは、大学を離れて専業主婦をすることになりました。夫は長期の調査研究で家を空けることが多く、私は子どもと二人でアパートの一室に閉じこもりがちに。半分ノイローゼになるほどしんどく、「産後うつ」の状態になっていたのだと思います。それから十カ月ほどして、夫が京大で助手の口が見つかり、私も長男を連れて帰国することにしました。それから、今度は嘉田家の嫁として、家に閉じ込められる生活が始まったのです。

「ガラスの天井」の悩み

大阪の嘉田家は、旧阪南信用金庫の創業者の家系。夫の父は当時、信金の理事長職に就いていました。姑は家事のエキスパート。徹底して丁寧な家事をたたき込まれます。洗濯はすべて糊づけ。中元、歳暮は欠かさず、四百軒分ほどの贈答品をひたすら整理。おせち料理は四、五日かけて数十人分を用意しました。大家族という意味では本庄の実家もそうでしたから、嫌いなことではありませんでした。長男もちょうど歩きだしたところで、可愛い盛りでした。でも一方で、夫は京大に戻って研究者としての実績を積み、海外調査などもこなし、どんどんステップアップする。それに対して、私はこのまま嘉田家の嫁として一生終わるのだろうか、何のために大学に行ったんだろうか、何のためにアフリカに行ったんだろう、留学先で苦労して英語の勉強をし、修士の学位までとったのは何のためか?……などと悶々と考えると、気が重くて仕方がありませんでした。社会的に活動したい。

アメリカでは、すでに「チャイルド・アビューズ」や「ドメスティック・バイオレンス」が社会問題になっていました。児童虐待、家庭内暴力です。最初は意味がわかりませんでしたが、自分がそのすれすれの立場に置かれて意味をのみ込めました。アメリカの留学先で心理学の先生に、自分はどうするべきか、長男を産むとき相談しました。その教授が言うには、高学歴で向上心の強い女性が家庭に入って専業主婦になると、自己喪失感で心が病み、家族の内部が崩壊する恐れがあるというのです。女性にとっての「ガラスの天井」があるともいわれていました。大学に入るまでは一生懸命、競争させられるのに、そこから社会に出ようとしたところでガラスの天井にぶつかる。日の光は見えるのに、その先に進めない。私や同級生たちもその問題に直面し、しんどさを感じていました。日本でもいずれ社会問題化すると確信しました。

思い悩んだ末、私は大学院に戻りたいと嘉田の両親に訴えました。姑は「嫁が今さら大学院なんて」と反対しましたが、幸い女性の社会進出に理解があった義父は「それなら戻りなさい」と言ってくれました。そのときは本当にうれしく、心底ほっとしました。今でも嘉田の両親に感謝しています。

京大側も私の復学を認め、坂本慶一先生の研究室が再び受け入れてくれることになりました。しかし、問題は二歳の長男をどこに預けるか。当時の京都の保育事情は非常に厳しく、市役所に相談に行っても「大学生のくせに保育園に子どもを預けるなんてぜいたくだ」と面と向かって言われるほどでした。いくら探し回っても保育施設が見つからない。途方に暮れた私は、保育園の門の外に立って、走り回る子どもたちを何時間も見つめていました。京大近くの認可外の保育園も訪問してみました。狭い二階建ての家。ドアをあけたとたんおしっこのにおい。狭い台所の隅のゴミ箱にはボンカレーの空袋。十畳二間ほどのところに三十名ほどつめこまれていました。一人半畳（〇・九平方メートル）。認可保育園の一人三・九平方メートルの四分の一以下しかない。それでも一カ月六万円以上かかるという。公的支援がない無認可保育園の実情を目の当たりにして心が暗くなったことを今も思い出します。それでも、ほかに預けるところがなければ選ばざるをえない。いま、私が知事として必死に保育園の整備に公的支援をいれようとしているのは、この時の体験があるからです。

結局、しばらくは義父母に子どもの面倒をみてもらいながら、一九七七年四月から大学院に復学。ようやく長男が三歳になって保育園の枠が広がり、大学近くの保育園に長男を入れることができました。

「多様な稼ぎ口」は日本人の幸せ

では再び戻った大学院で何を研究するか。子どもを抱えてさすがにまたアフリカには行けません。実はアメリカ留学時、あちらの指導教官に「環境や農業を研究するなら、日本こそ持続的なすごい国ではないか。日本のことを研究するべきだ」と言われていました。そこで修士論文を書くため、一九七四年の夏に一時帰国をして、坂本慶一先生に相談をしたら、琵琶湖周辺の農村調査を勧めてくださいました。そこで滋賀県彦根市の集落調査をおこないました。農業から男性が抜け、兼業仕事にでて、女性が農業経営にはいる「三ちゃん農業」の仕組みなどを調べながら、家の中からわき水がわく「かばた」などの記録もとり、開発の波でそうした昔ながらの生活様式がどんどん失われていくことに忸怩たる思い、「もったいない」という思いを抱きました。

そこで、京大大学院に戻っても、調査地は琵琶湖周辺を選びました。私のそのころの関心は環境に加えて、前述の児童虐待などを含めた「家族」の問題も浮かんできていました。特に自分が家族をもち、アフリカやアメリカでさまざまな家族形態をみるなかで、比較家族社会学の重要性に気づきました。そして、当時のはやりといわれていた核家族ではなく、多世代が助け合うことが日本の家族にとって重要なのではないかと考えたのです。そこで中主町（現・野洲市）の千五百戸の農家を対象に、家族調査を実施しました。ポイントは嫁姑の関係です。多世代家族になるかどうかは、嫁が同居するかどうかで決まってきます。農家については、一般的には専業農家が大家族で、兼業農家は核家族になっていると思いがちです。ところが調べてみると逆で、専業農家の方が世代間の協力が低く、兼業農家の方が多世代が協力し合っていたことがわかりました。

専業農家は多世代が同居していても、台所が分かれていたり、家計が別だったり。専業でずっと一緒にいると、あつれきが生まれて、それぞれが分かれてきます。それに対して兼業農家は、嫁が働きに出ていたら、姑が食事をつくってあげる。風呂も共用で使う。そうすると協力関係ができやすい。お嫁さんたちに聞くと、「楽しいから同居する」と口をそろえて言います。息が詰まっていた私と姑の同居関係とはまったく逆で、うらやましくも感じました。

実は江戸時代から日本人は「兼業」をしてきたのです。これは夫の専門でもあるのですが「パートタイム・ファーミング」、兼業農家論。兼業農家こそが「多様な稼ぎ口」が保たれ豊かで安定性があり、幸福度の高い家族形態だと言えるのです。私の研究はそれを裏づけるものでした。だから日本で農業の大規模化というとき、土地や生産を一戸の専業農家に集約するだけではなく、複数の兼業農家を維持していく方が地域社会にとってはいいのではないでしょうか。

農業は生産だけでなく、地域の生活や教育、文化を含めた社会政策です。多面的な機能があり、生命の原点を教えてくれます。琵琶湖周辺の田んぼには、魚やドジョウもいっぱいいて、人間の農作業と共存していいます。それをコンクリートで固め、琵琶湖から上がってくる魚を追い出すような開発は、本来の農業の価値を損ねる行為に他ならない――。そんなふうに、比較家族論から、兼業農家論、生物多様性論までを展開させた大学院での研究は、のちの私の知事としての琵琶湖政策や地域文化の研究、そして政治思想の原点にもなっていきました。

即採用された「琵琶湖研究所」

一九七八年には二男を身ごもりました。再び保育園探しが始まったのですが、当時の知り合いが住んでいた大津の比叡平の保育園がゼロ歳児から預かってくれると聞いて大津市役所に相談に行きました。ゼロ歳児の入学は難しく半信半疑で相談に行きました。ところが、「空きがあったら大学院生でも大丈夫ですよ」と言われました。そこで、比叡平で土地を購入し、新しく家を建てて、引っ越すことにしました。七九年の春のことです。そして八〇年の春から無事、二人の子どもを比叡平の保育園に入れることができ、ようやく私を悩ませていた〝保育園問題〟は解決の糸口が見えてきました。

知事としてのマニフェストに、女性の社会参画と保育環境整備を真っ先にいれたのは、私自身のこのような切迫した保育園不足問題、仕事と家庭の両立問題を経験してきたことがあります。

一九八一年の三月には京大大学院の博士後期課程を修了しました。それまでに就職をしたいと何カ所かの大学教員の職を教授から紹介されましたが、いずれも子どもをふたり育てながら連れ合いとはなれて引っ越ししなければならない場所でした。

しかし、幸い同年四月には関西大学の非常勤講師だった上野千鶴子さんが平安女学院大学に正規の専任講師として移ることになり、私に関大の職を譲ってくれました。そこで千人ほどの学生に文化人類学の授業をすることになりました。でも、まだ三十代で駆け出しの私がそんな大講義を受け持ち、「先生、先生」と呼ばれるのには違和感を覚えました。やはり研究者の方が向いているのでは、と思いました。そんなことを思っていたら、新聞記事で滋賀県が「琵琶湖研究所準備室」を発足させ、研究員を募集すると知りました。環境系では全国でも初めての県独自の研究機関。しかも社会科学系の研究者を求めているとのこと。これはアフリカに行く時にお世話になった米山俊直先生が滋賀県に主張されていたようなのですが、当時の環境問題に対して、社会学や人類学の観点からアプローチする人材が必要とされていたのです。それはまさに私がやりたいと思っていたこと、またとないチャンスと思い、すぐさま応募しました。

ふたを開けたら、手を挙げていたのは私一人。一九八一年の秋に即、採用されました。思えば、環境問題を社会学や人類学からアプローチするというのは「反公害運動」を除けばほとんど未知の分野でした。それゆえ採用後、初代所長となる吉良竜夫さんにまず言われたのは、「嘉田さん、とりあえず社会科学系の本を集めておいて」。ずいぶん期待が小さいなあと思ったのですが、それほど手探りでのスタートでした。

琵琶湖をめぐっては「総合開発」を進める開発の側が近代技術主義、「反総合開発」の側が自然保護主義に立脚。その両極端の対立の構図で、人間の「暮らし」の観点がすっぽりと抜け落ちていました。私はアフリカ研究時代から続けている「暮らし」の観点から、第三の環境政策論がつくれるだろうと見通しを立て、湖畔集落の生活環境研究という調査費を予算に盛り込み、一九八二年四月の研究所発足と同時に調査チームを立ち上げました。そこで呼び掛けたのが大学時代から知る鳥越皓之さんや古川彰さん、松田素二さんたちです。

最初に始めた調査は、琵琶湖汚染の歴史的背景を探るため、水道が入る前の湖岸集落での水利用や漁業などの調査を企画しました。滋賀県では昭和三十年代に水道が引かれていたのは大津市だけで、他の市町村はどんな水利用をしていたのか。ヒアリングのために、当時の県の生活衛生課を訪ねましたが、保健所が管轄する井戸水の検査結果以外、まともなデータがありません。そもそも役所は「水道法」でカバーする近代的な水が対象で、生活の中で水がどう使われているかなど、関心もなく、データもありませんでした。しかし生活者からすれば、法律にかかわろうがなかろうが、二十四時間三百六十五日、水は必要です。その生活の必要性と行政がカバーしている領域に大きなギャップがある。これは私が調査をしなければならないところだと、確信しました。

知事になり、このような、行政が法的にカバーする範囲と、生活者が必要と思う範囲がずれていたり、あるいは抜けていたり、ということで、とくに個別の縦割り行政では抜け落ちる領域があまりに多いことを背景に、つねに「横つなぎ」の政策実現を求めてきました。

住民参加型の「琵琶湖博物館」

湖岸の十集落ほどを調べてみると、「川の水つこうてたよ」「琵琶湖の水飲んでたよ」なんて証言がどんどん飛び出します。そこで「写真は撮ってないですか」と聞くのですが、記念写真的なものはあっても、さすがに洗濯や洗面などの生活風景は誰も撮っていません。

一九八四年ごろ、NHKのディレクターから、「嘉田さんが探しているのはこんな写真?」といった感じで三枚ほど、桟橋で洗い物をしている人たちの写真を見せてもらいました。しかしどこで、誰が撮影したかはわかりません。その一年後、県が発行していた「湖国と文化」という雑誌のバックナンバーを見ていたら、同じ写真を見つけ、「前野隆資」という撮影者の名前が出ていました。私は興奮して、すぐに「湖国と文化」の編集長に電話、三十分後には大津市唐橋近くの前野さんの家に駆け付けて、写真を見せてもらいました。そうしたら出てくるわ、出てくるわ。昭和三十年代から滋賀県中の生活風景をしっかり記録し、何万枚もの写真を残していたのです。以来、前野さんの写真を持って現場に行き、当時と今とを比較し、写っている人を探し出す調査を繰り返しました。

そこからわかってきたのは、琵琶湖の本来的な価値の大きさと、同時にそれを伝えることの難しさです。

琵琶湖に沈む夕日は本当に美しい。でも、琵琶湖は「汚い」ことが注目されてしまいます。実際は工場排水のような毒物による汚染と、栄養分増加による富栄養化とがありますが、それらが一緒くたに「汚い」と見られてしまうのです。

一九八四年、滋賀で武村正義前知事の提唱で「世界湖沼会議」という国際会議が開かれました。琵琶湖研究所が主体となり、当時の吉良竜夫所長が「行政、研究者、住民が三位一体となって取り組む」という会議の精神を示し、私は「住民」の担当になりました。しかし、そこでもやはり琵琶湖の持っている本来的な価値や歴史、地理的な広がりや文化的な厚みが伝わらないことを痛感しました。海外の人にはもちろん、県民にも十分に伝わっていない。

そこで私は研究所仲間の大西行雄さんと、琵琶湖の価値を発見、発信する施設の提案をしました。それが「琵琶湖博物館」構想です。世界湖沼会議の一年後に提案され、八九年には準備室が発足。私は琵琶湖研究所から、博物館準備室に正式に移り、九二年には専門員になり、博物館の準備に駆け回りました。

私が目指していたのは住民目線、生活者目線を入り口にして、社会や環境の変化を理解してもらう展示です。例えば洗濯ひとつをとっても、昭和三十年代の「たらい」から現代の洗濯機まで、それぞれ実物を展示します。そうしたらみんな自分の生活史を重ねて見てくれるでしょう。個人史を社会史に移し込み、環境史に入ってもらう。それがまさに「生活環境主義」の手法です。

ところが、これがなかなか内部で受け入れられません。住民を前面に出すなんて、当時としてはほとんど前例がない。県としては、それこそ琵琶湖総合開発の記念展示を基本方針に盛り込んでいたぐらい、意識が百八十度違います。専門家を三十人ほど集めた委員会をつくって、侃々諤々の議論を続けました。

私がこだわったのは「富江家」という民家の丸ごと展示でした。単に移築するだけでなく、それがどのような生活に使われていたかを細部まで再現しようという計画でした。便所のウンチまでリアルに再現したので、のちに古川彰さんが「クソリアリズム」と名づけてくれました。しかし、移築には六千万円ほどの経費が必要。「個人情報をどうするか」「文化財ではないものに予算は付けられない」などと批判が集中し、私は「みんなが懐かしいと思うものが集合的文化財ではないか」などと反論していました。

また琵琶湖博物館で私がこだわったのは、「参加型博物館」という基本的考え方です。だれか専門家が琵琶湖の生態系や琵琶湖の価値を研究するだけではなく、住民が生活の中で経験してきた、水利用や生き物とのふれあい、水辺遊びの記憶、それら住民の生活記憶を記録として集めることで、環境変化をトータルに把握することができる。そのうえで、求めるべき未来の望ましい環境保全ができる、という発想です。

その典型的な活動が、「夏はホタル、冬は雪」として、住民参加による身近な環境調査です。「水と文化研究会」という住民組織を仲間とたちあげ、ホタルダス調査なども進めました。そこでは、小坂育子さん、荒井紀子さんなど、「主婦研究者」ともいえる仲間がたくさん増え、その後の長い人生での仲間となっています。また調査手法としては、当時利用がはじまった、「パソコン通信」で情報のやりとりをおこない、結果を共有する双方向のネットシステム上に、住民参加の環境調査を実現しました。

今、フェイスブックなど、当時とは比べ物にならないほどのネット環境が進歩していて、行政上も活用可能となり、「水と文化研究会」での経験を活かす機会を今風に発展させたい、とも思っています。

胃がん発覚で死を覚悟

そんなプロジェクトの最中、一九九二年七月に人間ドックを初めて受けました。琵琶湖研究所から博物館構想の展示、建物、組織、情報などの計画をたてている時、新しい提案がなかなか受け入れられず、「こういう精神的にきつい時には何かあるかもしれない。人間ドックを受けよう」と自分で啓示を受けた思いで検査を受けました。検査後、一週間目に、胃がんだと言われました。

私は初めて「死」を覚悟しました。当時、長男は高校生、二男は中学生。この子らが今、母親をなくしたらどうなってしまうのだろう、嫌だ、死にたくない――と思いをめぐらせました。がんはそれほど進行していなかったようですが、二週間後には手術。胃を四分の三ほど摘出しました。それから快復はしましたが、五年間ほどは生きた心地がしませんでした。

富江家の移築計画も終わりだと思いました。自分じゃなきゃできない仕事だと思っていましたから。そのころの琵琶湖博物館準備室の室長は、のちに副知事をやっていただく田口宇一郎さんでした。田口さんは「仕事は机がする」というのが信念。法律に従って仕事をするのが行政マンで、その法律は机に張り付いているもので、仕事に個人名は不要、という意味です。一方、私は「仕事は人間がする」。その証拠に、学術論文は個人名なしに受け入れてくれない」と、学者出身で現場主義の私とはまったく相容れない理屈で、毎日のように議論をしていました。

その田口さんが、私が倒れたときにこう言ったんです。

「あんたが倒れても、やる人がいるやろう。机が仕事をするから」

確かに、それまでかかわりの弱かった学芸員が、ちゃんと仕事を引き継いでくれていました。ある意味、「机が仕事をする」方針が貫かれていたわけですが、私は自分一人でやることの限界と、行政マンの組織を動かす底力を知って、かなり気が楽になりました。このような組織力の経験も、知事としての仕事におおいに役立っています。

一九九五年、阪神・淡路大震災が発生したときには、また田口さんを見直すことになります。ある学芸員の母親が倒壊家屋の下敷きになってしまったという知らせが入り、学芸員が

「みんなで救援に行こう」と意気投合したのですが、車が足りない。私は公用車を出してもいいか、恐る恐る田口さんにおうかがいを立てました。こういうときでも「公私混同はいかん」と言うだろう、と覚悟していたのですが、田口さんは「人の生死は別や」と言って、公用車の使用も学芸員を現地に出すこともすべて認めてくれました。いつもルール、ルールと言っている人が、すごく情に厚い部分がある。行政マンと、私のような研究者や学芸員とは文化も、言葉も違う。でもその両輪が支え合うことが、よりよい博物館をつくるために大事なんだと悟りました。「冷たい頭と熱い心」のバランスも教えられました。

こうした紆余曲折をたどりながら、琵琶湖博物館は一九九六年に開館。初年度は予想をはるかに超える百万人近くの来館者を迎え入れ、その後も県を代表する施設であることはもちろん、湖沼や環境に関する国際的な研究機関としても認められるようになりました。

多様性に触れた淀川水系流域委員会

その後の私は琵琶湖博物館学芸員として館の運営や研究に打ち込みながら、二〇〇〇年には京都精華大学環境社会学科に教授として教壇に立つ機会も与えられます。そして、環境の研究者として、あるいは地域の専門家として行政の委員会などにも招かれるようになりました。その一つが二〇〇二年に国土交通省近畿地方整備局が設置した「淀川水系流域委員会」でした。

ダム建設をはじめとした河川行政そのものについては次章で詳しく述べますが、この淀川水系流域委員会は私にとって非常に大きな経験で、知事になってからも意思決定をするうえでの拠り所となっています。

行政の委員会というと、ともすれば委員の選択から議論する内容まで行政側が決めるため、委員や住民は受け身のことが多くあります。しかしこの委員会は違いました。まず、準備委員会を設置して委員を選定。具体的な審議も委員が自分たちの知っていることから発表し合い、提言も自分たちで書くという画期的なものでした。地域住民も「地域に詳しい委員」として研究者と同列の扱いで参加しました。科学的専門家だけでなく、地元の住民、活動家や学校の先生など、多様な住民がかかわる舞台が準備されたのです。その背景には一九九七年に河川法が改正され、それまでの「利水」「治水」に加えて「環境保全」が位置づけられ、「住民参加」の手法を河川整備計画に活かすことを重視する流れがあったからです。

環境問題には賛否両論、さまざまな見方が表出します。たとえば洪水被害の予測をする時には、科学的・技術的なデータはもちろん、地域の歴史的経験や住民の感性、直感で判断しなければならない場面もあります。そのような意味で、ここで出会った多様性は、委員会の仕組みを考えるうえでも歴史的に大きな転換点となりました。

ダム推進で抱いた知事への不信

淀川水系流域委員会で最大の焦点となったのがダム問題でした。平成に入って、製造業では循環水利用が進み、都市用水の需要も増えず、一九六四年の河川法改正前後に計画した多目的ダムの利水目的が大きく失われてきました。利水機能の必要性がなくなると、ダムの建設費や維持管理費などの費用負担者がいなくなることになります。一方、治水はダムだけでなく、代々水害と闘ってきた日本人が編み出した多様な手段があります。河川の流れを切断するダムは、環境面でも決して望ましくありません。

こうして住民側から財政負担問題が指摘されるようになり、環境を重視する国内外の流れとともに多目的ダムの見直しの機運が高まっていました。委員会は、「いかなる洪水からも人のいのちを守ることが最優先である」ことを治水の原点とし、まずは脆弱な堤防を強化し、壊滅的な被害を避けることを求め、ダムは必ずしも有効な手段ではないと主張しました。

現地視察や部会を含めて四百回を超える委員会を経て、二〇〇三年に「ダムは原則として建設しない」「ダムは最後の手段であり、どうしても必要な場合には、説明責任を果たしてから建設をする」という提言を示しました。それを受けて国交省近畿地方整備局も「淀川水系五ダムについての方針」を発表。大津市の大戸《だいど》川ダムの計画について、治水目的だけでは「経済的に不利になる」などとして「当面は建設しない」ことを二〇〇五年七月五日に表明しました。

ところが、当時の國松善次・滋賀県知事はその一週間後には、国に対して大戸川ダムの建設を陳情したのです。淀川水系流域委員会には、滋賀県在住の委員もいれば、琵琶湖博物館をはじめ滋賀県に属する組織からも委員を出しています。委員会で四年間おこなってきた議論を無視する知事の姿勢に、私は大きな疑問をもたざるをえませんでした。琵琶湖の環境保全を主張している滋賀県知事が、なぜ環境破壊のダムを検討もなしに認めるのか。国民経済的にも巨額の財政負担を伴うダム建設になぜ傾いているのか。もちろん、議論をしてどうしても必要だというダムなら建設は認められるでしょう。しかし十分な議論もせず、建設推進に疑いをもたない知事の姿勢への疑問が大きく膨らんできました。

残念ながら、委員会がダムの問題点をいくら主張しても、計画を見直しする力にはなりませんでした。洪水被害の調査を全国で手がけ、委員会設立時からの委員だった私は「委員会の結果を活かすも殺すも行政と政治次第」と思い知らされたのです。

このダム建設への滋賀県の対応をはじめ、私が「もったいない」のキャッチフレーズで全国的な問題に浮かび上がらせた新幹線新駅などの公共事業に対する疑問が翌年、私が知事選挙への出馬を決意する大きな理由となったのです。

琵琶湖畔での選挙出馬会見

二〇〇六年四月十八日、私は近江舞子浜での「知事選挙出馬記者会見」の場に臨みました。白砂青松の水際の砂場で、遠くには沖島から近江八幡の山々を見渡すことができます。穏やかに晴れ渡った空に、すがすがしい風。私は覚悟の黄緑色のスーツで身を固めていました。「新人候補がわざわざ記者を琵琶湖畔まで呼び出して会見を開くなんて生意気で、心証が悪い」と忠告してくれる新聞記者もいました。しかし琵琶湖は、私にとって人生を変えた〝恩人〟、そして滋賀県にとっては政治を語るうえで欠かせない存在。琵琶湖畔は政治家として決意を宣言するのに最もふさわしい場と考えたのです。

七月の投開票予定だった滋賀県知事選挙には、三期目を目指す現職、國松善次さんと共産党が推薦する県労働組合総連合議長の辻義則さんがすでに出馬表明。私は三人目の出馬表明で、数日前には地元紙が「京都精華大教授で県立琵琶湖博物館研究顧問の嘉田由紀子氏が知事選に立候補する」と報じていました。しかし、記者会見場に集まった記者たちの間にも「嘉田って誰？　何を表明するの？」という雰囲気が漂っていました。

会場に集まった支援者はたった二十人ほど。琵琶湖研究所時代から地域活動をともにしてきた地域の人たちや京都精華大の教え子、直前にそれぞれ個別に電話などで説得してもらった人たちばかり。しかも皆、半信半疑。組織も団体推薦も何もありません。選挙参謀は、住民活動を二十年以上ともにやってきた小坂育子さんと、自然環境ネットワークの寺川庄蔵さん、県議会議員の沢田たか子さんなど数名。沢田さん以外は完全に選挙素人でした。

京大名誉教授で河川工学が専門の今本博健さんも、それまで数年間、淀川水系流域委員会仲間のよしみで姿を見せてくれました。もともとダム推進論者だった今本さんも、流域委員会の中での議論から、ダムだけに頼らない治水を主張するようになり、国を動かすには知事を変えないとダメだと、私の出馬を応援してくれました。

歌手の加藤登紀子さんや動物行動学者の日高敏隆さん、写真家の今森光彦さんは「応援していますよ」というメッセージを寄せてくれましたが、ご本人の姿はありません。実に地味な出馬宣言の場でした。

七つの政策課題

選挙後には「新幹線新駅建設凍結」というシングルイシューを焦点化し、「もったいない」というワンフレーズで選挙戦に勝ったといわれました。しかし、私が訴えたい政策課題はもっと裾野が広く、総論的な地域変革への思いでした。滋賀県職員として仕事をしてきた過去三十年間、そして私自身が、自ら経験してきた子育てと仕事の両立などの家族問題も含め、考え抜いてきた政策を次のような七つの政策課題としてまとめたのです。

(1) 孫・子につけを残さない健全財政を～新幹線新駅には県民の意見を反映させます

県財政には一兆円を超える借金（県民一人当たり約七二万円）があります。そのうえ、二四〇億円ものお金をかけて、本当に新幹線新駅は必要なのでしょうか。住民の声を聴いて、見直します。

(2) 人と自然がつながる住民型公共事業で安全と安心を

ダムのような大型公共事業では、必ずしも地元が安全で豊かになるとは限りません。琵琶湖や川や森の自然を回復する住民型公共事業によって、中小企業に光をあて、若者と女性、高齢者の新規雇用をつくりだします。

(3) 強い滋賀で、若者にチャンスを! 若い世代に魅力ある滋賀をつくります

若者の海外体験や起業をバックアップし、また農林漁業などを通じて、将来に希望のもてる安定した雇用をつくりだします。

(4) 教育も福祉も地域と世代のつながりで〜安心日本一県を目指します

地域のつながり、世代のつながりが薄くなり、不安や犯罪が増しています。安心して子育てや教育ができる、老後が送れる滋賀県をつくります。

（５）琵琶湖との共生の暮らしを～健全な流域再生をはかります

いつまでも改善しない水質、湖底で進む低酸素化、在来魚の減少、水上オートバイの横行などが続いています。県民の知恵と工夫で、琵琶湖を生き返らせる仕組みを実現します。

（６）循環型社会の構築～〝もったいない〟を生かす社会にします

大規模な廃棄物処理場計画は見直し、廃棄物を出さない循環型産業の創出や、ゴミは地域内で再利用できるような暮らしの構築を進めます。

（７）大切にしたいもの、残したいもの～滋賀の琵琶湖の魅力を再発見します

滋賀には、京都にも大阪にもない歴史と自然の魅力があります。琵琶湖博物館を生み出した経験をいかして、地域の魅力を再発見し活性化につなげます。そして美しい風景と品格のある県土をつくります。

キャッチコピーは「対話でつなごう、新しい滋賀」「私たちは滋賀を変えます！」「なぜ今新しい県政が必要なのか？」「政治は未来をつくるもの」「その主役はあなたです」など、で

きるだけ直接有権者に届くよう、対話的な言葉で訴えました。

「なぜ知事選挙だったのか」という問いには、政策課題にプラスして「三月に三人目の孫が生まれました。その孫の顔を見ていると、『おばあちゃんがんばるよ!』って決意できました。というのも、これ以上、日本は借金を重ね、環境を破壊して、子や孫の未来につけを残してはいけないと思ったから」と答えました。

日本社会全体が制度疲労を起こしている、いわば「日本病」に侵されていると、私は切実に感じていました。多様化した行政ニーズに、そしてグローバル化した日本の未来を国際的に拓いていくためにも、縦割りの省庁の利益を超える国家的ビジョンが必要です。もちろん、国の基本は地域にあります。しかし残念ながら国の法令、財政制度、国からの幹部職員派遣によって縛られてきた地方自治には、主体性がなかなか育っていませんでした。もっともっと本来の地域自治の精神を吹き込み、滋賀県らしい県政を深めていきたい。そんな思いがないまぜになり、孫子にせめてもの償いも込めて、私は決心したのです。

出馬断念迫る姉や兄を説得

選挙には普通、「地盤」「かばん」「看板」が必要だといわれます。私は滋賀県生まれではなく、選挙母体には必須といわれる同級生のネットワークもなく、特定の政党や団体にも所属してはいません。研究サラリーマンで財産があるわけでもありません。ないないづくしの中での選挙選出馬は、まず夫と子どもを含めて家族を説得しました。一方、本庄の姉からは毎晩のように電話を受け、出馬をとりやめるよう迫られていました。

「自民党か民主党、どちらかの推薦をもらえなかったら、知事選挙の出馬はやめなさい。市議会議員選挙だって、地盤、かばん、看板が必要なのに、組織も政党もなく、滋賀県全域を相手にした無謀な選挙はやめなさい！」

姉は、すでに本庄市議会議員を自民党系会派で四期務めていました。父の地盤を受け継ぎ、同級生などもたくさんいて、教員経験もありました。それでも選挙というものがいかに大変か、その苦労をよく知っていたのです。知事選挙となると地域や選挙運動の範囲が広く、誰が経費を負担するのかも大きな問題です。兄も、胃がんの手術をしたことがある私の健康状態や経済状態を心配して、出馬を断念するように何度も電話をしてきました。

しかし、私は姉や兄を説得しました。このままムダな公共事業を続ければ琵琶湖の環境は破壊され、子どもや若者の未来を塞ぐことになる。滋賀県が財政再建団体に陥るありさまを見たくない、私自身が立ち上がらなければ——。

兄と姉は、「何で滋賀県生まれでもないあなたがそこまでやるの！」と言ってきました。でも同時に、「子ども時代から由紀子は強情で、決してひかない子だった」「由紀子は滋賀県に嫁にやったようなものだからあきらめよう」と、二人で相談して納得してくれました。それ以降は、物心両面で私の選挙を全面的に支えてくれることになったのです。

新幹線新駅問題で追い風に

選挙戦が進むにつれて、次第に焦点が当たってきたのが新幹線新駅問題でした。

滋賀県では東海道新幹線が開通した一九六四年からずっと、駅の間隔が最も長い米原—京都の間に、もう一つの駅を求める動きがあります。その中心となっていたのが栗東市で、一九八八年ごろから本格的な新駅誘致運動が始まっていました。

しかし、工事費をほぼすべて地元がもつ請願駅としてＪＲと交渉していたのに、二十年近く計画は進まないまま。負担は従来の請願駅に比べて二倍前後もかかる見込みでしたが、地元からの寄付もほとんど集まっていませんでした。私は故郷の本庄市で父や姉が走り回り、十億円の寄付金が集まっていた上越新幹線の新駅誘致を知っていただけに、新駅が本当に栗東という地域にとって必要なものなのだろうかという疑念がわき上がりました。

しかも、県民が新駅設置の是非を問う住民投票を求めたのに対し、県議会は二〇〇六年に条例案を否決して、民意を明らかにしようとしなかったのです。私もこの二月の県議会を傍聴し、國松知事が正面から反対派の疑問に答えていないことをこの目で確かめました。この財政難の中で、他の政策課題を我慢してでも栗東新駅に優先的に投資すべきと思っているのでしょうか？　そこで知事選出馬表明後の五月十五日、私は國松知事に「新幹線新駅着工記念式典の中止について」という申し入れを公開質問状としておこないました。

「知事選挙前に新幹線新駅着工を強行することは知事選挙を意識したものであり、新駅建設を既成事実化しようとする（県民意識を無視した）極めて政治的な行為です。数年かかる予定の工事期間の中で、知事選挙までの三十五日間を待つことができない根拠はどこにあるのでしょうか。県民の意識を無視し、既成事実化を進めることは、社会的解決をより困難にするおそれがあります。新駅建設に関する着工式の実施については、選挙で県民の意思を集約した後、新知事と協議をすることとし、知事選挙前の着工式の中止を申し入れます。建設決定は、知事選挙後まで待ってほしい」と意見したのです。

これに対する知事側からの返信は「すでに着工は決定され、今さら変更しようがない」。そして、五月二十七日に着工式を強行。仮称「南びわ湖駅」と駅名まで決められました。國松知事はじめ県選出の国会議員や隣接する各市の市長、JR関係者が列席した記念式典の会場の外で、私は「新駅STOP」のパネルや「栗東新駅見直し」と書いたのぼりを掲げ、チラシを配りました。そのチラシに初めて採用したのが「もったいない」の文字だったのです。その時、私自身はまだこの言葉がもつパワーをさほど感じていませんでした。

私は単にスローガンとして「もったいない」と言ったのではありません。これは自分の生い立ちの中で母から教わった生活哲学であり、三十年間、滋賀県内で地域生活の先人から教わってきた「始末して、きばって働いて、もったいない」という生活信念でした。また、アフリカやアメリカ、ヨーロッパなど海外での水環境調査の過程で、この表現が英語など外国語に翻訳できないものだということに気づいていました。節約するという「Saving《セービング》」ではまだ入り口。価値があるという意味での「Valuable《ヴァリュアブル》」でもまだ足りない。失ったら心惜しいと思うなら「Pity to lose」。でもまだ踏み込めていません。「MOTTAINAI」には、存在に対する敬意や尊敬の念、「Respect」が含まれています。それも、日本の自然と文化、暮らしの中で生き続けてきた神や仏への感謝の思想が合わさった、神仏混合の概念が奥深く隠されているのです。

選挙行脚で「もったいない」を確信

私は琵琶湖研究所の研究員となって以来、滋賀県内五十市町村、三千を超える自治会の社会条件データベースをつくりながら個別の集落訪問調査をしてきました。新幹線新駅を必要ないときっぱり言ってくれたのも、そのころから付き合ってくれている地元の漁師さんや農家の人たちでした。彼らも集落の寄り合いや政党、団体など公式な会合では「駅は必要」「ダムは必要」と言います。でも、それ以外の場では、ひっそりとこんなふうに耳打ちするのです。

「嘉田はんな、そりゃ新幹線駅あったらいいけどな、それよりもうちは息子が結婚せえへん、孫もでけへん。わしは孫を抱きたいのや。それに、これから人口は減少するという。駅つくっても子どもが減ったら駅で乗るもんがおらへんやろ」

目からウロコが落ちる思いで、私は確信しました。財政難の時の「選択と集中」というなら、駅に投資するより子育てや若者の就職、結婚支援の方が必要な政策ではないかと。

それから、私は知事としてこれから四年間の責任を持たせてもらうとしたら何をどう訴えるべきか、陳情や要望というタテマエではなく、声なき声、ホンネに耳を傾けたいと思い、滋賀県中の旧知の人たちを訪ね歩きました。

余呉町の川並集落では、「ほりゃ、今の時代、女の人もがんばってほしいね。私ら若い時分、舟から重たいカマスをかたいで（かつぃで）家まで持って上がった。女も競争して、重たい荷物背負ったもんよ」と、かつて舟つき場の横の荷置き場であった大きな石の端で励まされ、高時川ぞいの高月町のある集落では、「丹生ダムの建設要望が地元の団体から出されているが、自分たちはダムをあてにしていない。そもそも何十年も前にダムができるできるといって、いまだに着工できていない。ダムには大金も必要だろう。それよりも川の中に生え放題の樹木を伐採して竹を取り除き、河川にたまった砂を取り除く方が先だと思う」とのホンネ。湖西地域の区長には「区長としては現職の國松さんを応援するしかない。表向きは動かれへん。でも、嘉田はんには昔から世話になっているからな。このムラの歴史をムラ人以上に知ってくれているのは嘉田はんやからな」と言われました。栗東市の新幹線新駅周辺でも、駅が必要という人たちに交じって、「土地が売れる人とそうでない人たちの間に溝があり、必ずしも全員が新駅建設に賛成ではない」という声を聞いたのです。

昔からの知り合いは選挙を前提としてではなく、私自身が知事として政策を煮詰めていくとしたら何を訴えるべきか、地域の実情に即して、本心からの思いを語ってくれました。その声を聞くうちに、「税金のムダづかいもったいない」「琵琶湖の自然、壊したらもったいない」「子どもが自ら育つ力を損なったらもったいない」という三つの「もったいない」の主張に自信をもてるようになりました。私が思い込みで言っているのではなく、借り物の言葉でもなく、滋賀県内で実直に日々、暮らしを成り立たせている人たちの思いと願いにかなった主張だと確信したのです。

街宣や演説会も「暮らし言葉」で

街宣も双方向の対話を心がけました。畑仕事をしているお年寄りを見かけると車を止めて、「知事選挙に立候補しているんです」と訴えます。

「昨日テレビであんたの話を聞いたよ。あんた孫がいるんだって」

「そう、三人目の孫が生まれて、孫の将来考えると借金だらけじゃ困るからね」

「そうかい、これまで私はおじいさんの言うように投票してきたけど、今度はあんたに入れるからね」

いただいたキュウリをかぶりながら、そんな対話が弾みました。

湖西の漁村を回ると、後ろの方からお年寄りが走ってきました。

「あんたな、琵琶湖の魚が減ったって政見放送で言っていたな。アユ、フナ、モロコ、ビワマス、イサザ。でもな、一つ忘れておるよ。セタシジミだ」。琵琶湖のことを案じて、じっくりと政策に耳を傾けてくれている人たちがこんなにおられるのだと、うれしく感じました。

学校帰りに水路の脇でランドセルを置いてザリガニ探しをしているような子どもの姿を見ると、選挙カーの運転手に「ごめん、車止めて」と言いました。陣営の中には、「子どもは票にならない、時間のムダだ」という人もいましたが、私はこう答えました。「未来の大人こそ、私が大切にしたい県民です。ここは時間をください」。そして子どもたちの輪に入っていきました。

農村地帯ならば後継者確保や高齢者介護の問題、都市部ならば子育て支援や新幹線新駅問題など、地域ごとに何が課題なのかを訴えます。対話集会はもちろん、街宣でもできるだけ具体的に、家の中で聞いておられる人に向かって直接呼びかけるようにしました。マンション群でのミニスポットでは、「新幹線新駅の費用は県民の税金で払われるのです。お手元に給料明細があったら見てください。そこに『住民税』とあるはずです。ここに県民税が含まれています。目に見えないところで皆さんも県民税を払ってくれているのです。県民一人当たり約一万円が税金で新幹線新駅に使われるのです」というように、生活当事者としての意識に直接訴えかけて、こちらのメッセージがストンと納得してもらえるような街宣内容にしました。

「エンピツ一本の勇気」

知事選のような大型選挙になると、無党派層頼みではなかなか勝てません。政党や支持団体、特定の地域が、その集団の票、いわば「基礎票」をきちんと固めるのが鉄則です。しかし、当時の私たちにはそのような組織はまったくなし。政党もなければ現職が事務所に飾っているという「滋賀県〇〇会」などという二百を超えるという団体推薦もありません。

ところが四月以降の地元行脚や告示後の選挙運動の中で、この選挙は政党や団体のしばり以上に、一人ひとりの政策判断が効いてくるのではという直感をもちました。何よりも、新幹線新駅という争点がはっきりしてきています。この公共事業の背景をわかりやすく知らせることで、有権者に本来の意味でのマニフェスト政策による投票行動に出てほしいと、私は願っていました。

そこで告示前に許される政党によるビラでは、五月の着工直前に「新幹線新駅はちょっと待った！」「今年中ならまだ間に合う」「二百四十億円もかかる新幹線新駅の凍結、見直し」と記して県内五十万世帯に新聞折込しました。

六月になってからは新幹線新駅だけでなく、県内に計画されている六つのダムに、国と県で三千五百億円以上の税金が投下される予定であることなど、「こんな税金のムダづかいもったいない」というチラシをつくりました。終盤にかけては、街宣をしていても日々受け止め方がよくなり、街宣車にクラクションを鳴らしてくれる人や、私のシンボルカラーである黄緑色のタオルをマンションのベランダから振ってくれる人さえ出てきました。それが日に日に増えていくのです。

投票日直前のビラは、いっそうはっきり政策内容を伝え、マニフェスト型選挙として政策評価で投票をしていただきたいと訴えました。そして街宣では「エンピツ一本の勇気」「エンピツもったらかだゆきこ」が自然と合い言葉となっていきました。

投票二日前の金曜日の朝、JR石山駅前で三陣営がビラ配りで鉢合わせをしました。國松氏、辻氏の両陣営が早めに引き上げた後、私たちの陣営はしばらくビラ配りを続け、最後には私を含めて駅前で、石山勝手連が創作してくれた「もったいない、江州音頭」を踊りました。この時、他陣営のビラのほとんどは駅のゴミ入れに捨てられていましたが、私たちのビラはゴミ入れにないばかりか、陣営に歩み寄ってもらっていく通勤客も少なくなかったのです。

湖面いっぱいの手こぎ舟

開票日は、朝から曇って雨模様。新人や無党派層頼みには不利な天候となりました。その日、午後二時過ぎには優勢らしいとの情報も入りました。しかし、最後まで気はゆるめられません。

結果は、國松氏十八万五千三百四十四票、辻氏七万百十票に対して、嘉田二十一万七千八百四十二票。勝ったのです。

選挙期間中に「現職は軍艦、嘉田陣営は手こぎ舟」と揶揄された時、私はこう答えていました。「軍艦は石油がないと動けないけれど、手こぎ舟は一人ひとりの力で動かせます」と。やせ我慢ではなく、本心からそう思っていました。石油のような外部エネルギーは確かに大きな力です。でも、人間は自分の頭で考え、自分の手と足で動きます。そこに人間がつくる社会の原点があります。その気持ちが「エンピツ一本の勇気」という必死の訴えにつながったのです。「エンピツ一本の勇気」が主権在民の実践なのです。そして、その信念は、知事になった今も変わっていません。

立ち込めた霧が晴れると、「湖面いっぱいの手こぎ舟が、はりぼての軍艦を取り囲んでいた」とある新聞記者は表現しました。問題は、いつ、どのようにしたら、このような民意を浮かび上がらせるような霧払いができるか、です。

選挙後しばらくたって、ある大学院生がインタビューにきました。

「普通、選挙というのは何かをつくるとか、プラスをすることで票をもらうのですが、嘉田さんの選挙の場合には、つくらないというものばかりですね。何でそれで票がもらえたのでしょう?」

私はその時うまく回答できませんでした。でも後から仲間がこう言ってくれました。「候補者はシロウトだったけれど、選ぶ県民がクロウトだったのではないか」と。確かにそうなのかもしれません。すでに物的にも経済的にも成熟していた地域にとって何が大切か、滋賀県にとって何が必要か、有権者が冷静に判断なさったのではないでしょうか。

こうした選挙を通じて、嘉田由紀子という政治家が生まれ、滋賀県民によって育てられていったのです。

第3章　いま、地域から問う——私の問題提起

本章では、私が滋賀県で取り組んできた新幹線新駅の問題、ダム問題をめぐる霞ヶ関との攻防をたどりますが、これは過去の問題ではありません。国の制度や政官財が一体となって一定の施策を推し進める仕組みを見るにつけ、政治主導ということの本当の意味、地域主権のあり方を再考することが必要だと感じます。

新幹線新駅凍結は「穏健的中止」へ

二〇〇六年七月二日、私は滋賀県知事に当選しました。選挙の争点は新幹線新駅の凍結問題で、私は当選直後のインタビューでも「凍結は政治生命」と決意表明しました。県民からの強い負託を受けた以上、やるしかありません。七月二十日の知事就任直後から、全力で公約実現に向けて走り出しました。

その戦略として二つの方法があると考えていました。一つは、それまで結んできた基本協定、工事協定を一方的に破棄して、すでに敷かれていたレールから外れるという、いわば脱線による「暴力的中止」の方法。もう一つは、これまで歩んできたレール上で基本協定や工事協定などの「協定類」という列車を後ろに動かし、関係者の合意のもと合法的に破棄できるよう働きかける「穏健的中止」の方法です。

私はもともと暴力的な人間ではありません。地道に着実に、辛抱強く関係する人たちと人的関係を結びながら、少しずつじわじわとしなやかに、しかし信念に基づいた筋は曲げずまっすぐに事を進めるタイプ。そこで新幹線新駅の凍結方法は「穏健的中止」を方針としました。いわば「劇薬」ではなく「漢方薬」的な手法を選んだわけです。

まず、就任翌日には建設地の栗東市長を訪問しました。穏健的手法では、いきなり乗り込んで中止の方針を突きつけるようなことはしません。「今後、市と県はともに力を合わせて地域課題に対処しましょう」と一般論に終始して、新駅の問題にはあえて一言も触れませんでした。同行した大勢のマスコミにとっては「肩すかし」だったようです。

次に訪問したのは新駅建設の当事者、JR東海でした。松本正之社長と東京都内で約一時間にわたって会談しました。私からは県知事選の投票結果を踏まえて、地元や県議会などの意見集約ができるまで、まずは工事のペースダウンをしてほしいこと、そして七月末に予定されていた工事費負担金の支払い延期を要請しました。

これに対し、松本社長は「契約上、工事は誠実に履行されなければならない」「支払いが滞った場合は法的な対応をとる」と主張し、話し合いは平行線に終始。基本協定や工事協定を経て、議会の承認も得て始まった事業ですから、松本社長の対応は社会常識的には当然ではありました。

公共事業を止めるときの知事の権限は「予算不執行」です。工事費負担金の支払いを止めるという選択肢もありましたが、一方的に債務不履行にするのは契約社会では汚点を残します。今後の交渉にも不利益になると判断して、七月末の負担金は支払いました。これも「穏健的」手法でしたが、十月末の次期負担金の支払いは、着実に手続きを踏んだうえで拒否しようと決意しました。

県議会と対決

七月二十六日の県議会初日は、滋賀県議会始まって以来の高い関心を集めました。傍聴席は満席で、別室での傍聴も準備するほど。マスコミ各社も勢ぞろい。

私自身、議場に立つのも知事として答弁するのも生まれて初めての経験で、緊張しました。しかし意を決して、議員席はもちろん、県民の皆さんが座る傍聴席にも目配りしながら、所信表明で以下のように訴えました。

「新幹線新駅につきましては、駅だけで二百四十億円、周辺整備を加えると六百五十億円の事業費を要するものであり、このうち新駅の県負担は百十七億円、さらに周辺整備の県負担が四十数億円必要となります。乗り換えが不便で、ひかり号とこだま号しか停まらない、停車列車の本数の少ない駅であり、県が描いていた需要予測、あるいは税収増大効果も、県民の皆さんの納得が得られるものではございませんでした。新幹線新駅につきましては、私自身が選挙期間中に約束をしました、限りなく中止に近い凍結の方向に県民の皆さんの意思が示されたという選挙結果を厳粛に受け止め、その実行に向けて取り組ませていただきます。凍結にあたりましては、工事協定書は一方的に解除するといったものではないことから、協定の当事者である県、栗東市、東海道新幹線（仮称）南びわ湖駅設置促進協議会、およびJR東海、四者の合意が必要となります」

関係者との対話を尽くし、凍結に向けて合意を図るという方針の宣言です。

これに対し、議会側はこれまで新駅推進の現職を支持してきた民主党・県民ネットワークが「新駅の必要性などが県民の十分な理解と共感を得られていない状況でもあったため新幹線新駅建設は凍結し、議論の仕切り直しをしていくことに決定した」と代表質問で明言。共産党は一貫して新駅中止を主張してきた立場を示した上で、民意を受けての政策変更による損失に行政の損害賠償責任はないという最高裁判決を引いて、ＪＲ東海はいかなる意味でも県に賠償請求はできないと踏み込みました。

一方、当時の最大会派の自由民主党・湖翔クラブは「民主主義の原則は多数決だが、問題の所在は多数決が必ずしも正しいとは限らないということ。対話の政治は大切であるが、ひとたびその運用を誤ると、衆愚政治に陥る危険性がある」と、知事選が衆愚政治の結果であるように疑問を投げかけ、新駅についても「県の長期構想等に立脚しつつ、時には県が主導的な役割を果たしながら、地元栗東市をはじめとする関係自治体等々と連携協力し、長年にわたって取り組みが進められてきた」県政の最重要課題であり、県議会で予算案を可決し、最終的に設置を了承したこれまでの経緯を尊重すべきだと主張。一般質問に立った十七名の議員もほとんどが新駅推進の立場で、計画の歴史的経緯や行政としての継続性の尊重、区画整理事業での地元協力を無視できないことなどを口々に訴えます。

「行政の継続性」という意味では至極当然の主張ですが、県民の意思が選挙で示されている限り、政策の変更の正当性は合理的に主張できます。「走り出したら停まらない」といわれてきた公共事業も、時代や社会的状況の変化の中で見直してほしいというのが知事選挙での県民の意思だったのですから。

予測データ見直しで説得

九月には県庁内に「新幹線新駅問題対策室」を設置して、一連の交渉の窓口をつくりました。責任者に部長級・課長級の信頼のおける職員を配置しました。十月初旬には交通計画や交通政策、公共経営や公共政策、民法や行政法、地方税財政の専門家、現場の弁護士など九名に専門委員を委嘱。新駅を凍結した場合に生じる法的、経済財政的な課題や地域振興について、専門家の立場から助言してもらう組織をつくりました。

新駅問題対策室にまず指示したのは、二〇〇三年におこなわれていた「新幹線新駅整備の波及効果と地域整備戦略の深度化調査（以下、深度化調査）」の見直しです。

私は、新駅の需要予測や経済波及効果は過大だと考えてきました。それをデータで確認し、予断を持たずにその実像をより客観的かつ公正に明らかにする必要があったからです。

そのため、二つの点を基本に見直し作業の指示をしました。一つは、深度化調査で使用したのと同じ手法やモデルを基本として、最新データに基づく人口推計などを反映させて比較すること。もう一点は、将来予測には必ず不確実性が伴うことから、深度化調査では一つだったシミュレーションの結果を、「上位」「中位」「下位」の三つの可能性に分けて結果を出すこと。

その結果、三つのケースのいずれもが、効果の大幅な減少となりました。

人口増加の効果は、深度化調査では四万四千人以上の人口増という予測だったのに対し、今回は最高でも二万四千人余り、最小予測では一万人余り。栗東市の人口の約七割にあたる四万人という数字が、いかに過大であったかが見えてきました。

最新の人口予測データなどを使うと、六千四百億円余りだった経済波及効果も四千三百―千百億円に大幅減、税収効果も百十三億円が八十二―三十八億円まで落ちました。利用客の予測も、九千人近くだった数字が七千―六千人余りへと減少したのです。

こうした客観的なデータを突きつけていくと、議会でも次第に推進意見が弱まっていきました。

工事費の負担金問題もJR東海との粘り強い交渉の末、工事費支払いを特例的に猶予する覚書を締結。今後の進め方について県と栗東市、促進協議会が合意に至らない場合、または新駅が中止される場合には二〇〇七年三月末をもって工事費の精算をおこなうという条項も盛り込まれました。その期限を控えた〇七年三月議会では、新幹線新駅設置工事費の負担金を盛り込まない〇七年度当初予算が全会一致で議決。まさに画期的な転換を勝ち得たのです。

民意の後押しで公約達成

一方、「住民自治」を標榜する私にとって、新幹線新駅問題で最もつらかったのは地元の地権者への新駅凍結方針の説明であり、皆さんに納得をいただくことでした。

地元四自治会の皆さんには、選挙での民意を受けて新駅凍結の意思を直接にお伝えするため、自治会ごとに説明会を開きました。いずれの会合もテレビや新聞などマスコミ注視の中で、各集会所とも入りきれないほどの熱気でした。

ここで私は「選挙結果を受けて、新駅建設は見直したい」と自分の言葉で語らせてもらいました。地元の皆さんからは「行政は継続性が重要、止めることは長い間の信頼性を破壊する」「約束違反」と大変厳しいご意見が出て、私はまさに「針のムシロ」に座る心地でした。とくに区画整理事業では二〇〇二年以降、集落ごとに説明会を催し、二〇〇六年に区画整理の方向が決まるまで百回以上の会合を開いたそうです。そのような計画を「もったいない」の一言で止める知事は「悪代官にも似た独裁者」という厳しい声もいただきました。

悪代官――。その言葉は今も耳に残るほど、つらい説明会の続く日々でした。

それでも私は、利用価値が低い新駅を今、税金でつくるだけの意味はあるのか、少子高齢化で財源不足が広がる中、県政全体を考えた時に新駅促進事業は優先度が低いのではないか、と粘り強く訴えました。ある集落では地元のリーダーが最初から住民の対応を引き受けてくださり、個々の不満を聞いて最終的な合意点を探ってくださいました。説明会の後、「知事の好みだから」と、自宅で漬けたフナ寿司を新幹線車両に模した青竹の中に入れて渡してくださり、感動しながらほおばったこともあります。

民意がさらに私を後押ししてくれました。二〇〇七年四月の県議選では、「かだマニフェストを実現する」という目的を持った地域政党「対話でつなごう滋賀の会（対話の会）」が発足。県内各地から市会議員や県会議員、会社員などをリクルートして、公認の五候補を立てたところ、それぞれの選挙区でトップ当選を果たしました。嘉田支持に回っていた民主党会派も十七議席へと人数を伸ばし、「もったいないはもたない！」と嘉田批判を展開していた自民党会派は、滋賀県政初の過半数割れとなったのです。

この後、JR東海など四者で「県、栗東市、促進協議会の協定類の履行の諾否の期限は十月末」「協定類を履行することで合意すれば、開業時期や費用について協定を修正する」「中止（中断・凍結等を含む）で合意した場合はその協定類は終了する」という内容の覚書を締結。工事の進行も止まり、六月末には地元自治会や地権者代表の方との話し合いを、八月からは地元四自治会や企業地権者の方との話し合いをおこないました。九月には「新幹線新駅問題の解決に向けた県の方針」を提案。主に新駅中止後の地域振興方策と跡地利用という二つの大きな課題を盛り込みました。それまでは「中止後」という議論すらできなかったことを思えば、大きな前進です。十月の促進協議会総会では、協定類の履行の合意に至らなかったこと、協定類終了に伴う今後の諸課題に対する県の基本的な方針を報告しました。

また十月中頃には、最高裁判所による「新駅建設への起債は法律違反」という住民訴訟が認められ、確定しました。つまりもし工事を続けるとしたら栗東市は借金ではなく、直接総額支払いが求められ、市の財政的にもとうていもたないことも見えてきました。

そして十月末、栗東市も周辺市もそれまでの推進の立場があり、凍結を認めるわけにはいかないという状況下で、協定類がすべて終了。「時間切れ」での事実上の凍結という決着となりました。一歩一歩、関係者のコンセンサスを得ながら進めていく手続きは大変でしたが、知事としての大きな責任の一つを果たすことができたのです。

霞ヶ関との攻防

新幹線新駅問題は、知事の闘いとしてはまだ序の口でした。「本丸」はやはり国、霞ヶ関の官僚。今の原発をめぐる闘いにつながる、河川行政における攻防も、知事就任直後から始まりました。

知事選から約一カ月後の二〇〇六年八月四日、国土交通省は霞ヶ関で予定していた社会資本整備審議会河川分科会の「河川整備基本方針検討小委員会」を突如として延期しました。会議では淀川の河川整備の長期計画である「河川整備基本方針」を審議するはず。これが、実は私の知事就任と無関係ではなかったのです。

一九九七年に改正された河川法では、河川の将来像を定める長期計画である「河川整備基本方針」の策定は国交省の本省に権限が与えられ、ダムや堤防整備など、当面二十―三十年の具体的な河川工事の内容を定める実施計画である「河川整備計画」を策定するのは地方整備局に権限がありました。

前章で触れたように、私は二〇〇二年から国交省近畿地方整備局が設置していた「淀川水系流域委員会」の委員を務め、「淀川水系河川整備計画」を議論。「ダムは原則として建設しない」という提言をまとめ、それを受けた近畿地方整備局が〇五年、「淀川水系五ダムについての方針」として、大津市の大戸川ダムなどを当面建設しない方針を示していました。

これに対し、霞ヶ関では「近畿地方整備局と淀川水系流域委員会が勝手にダム不要論をばらまいている」という不信感が広がっていたのです。その霞ヶ関による近畿つぶしの始まりが八月四日の「河川整備基本方針検討小委員会」のはずでした。その直前に、大戸川ダムの凍結を主張し、しかも河川政策の専門的な議論を理解することができる私が知事になってしまったのです。何らかの手だてが必要だと戦略が練り直されたのが、この審議先送りという手続きだったようです。

続いて二カ月後、国交省は近畿地方整備局長の首をすげ替えるという手を打ってきました。新局長は東京を出る時に「淀川委員会を征伐してくる」と勇ましかったそうです。就任早々、淀川水系流域委員会を「休止」すると宣言しました。任期を三カ月以上残して突然の「休止」を言い渡された委員たちはもちろん抵抗しましたが、委員会の設置者は当の近畿地方整備局。徹底した抵抗は無理でした。新局長はさらに局内に大戸川ダム建設の必要性を練り直すプロジェクトチームも設置。そのメンバーには一九九〇年代に琵琶湖総合開発の総仕上げである「瀬田川洗堰」の操作規則の策定に尽力した元近畿地方整備局長も入っていました。滋賀県と強いつながりを持つこの人物を引き込むという画策は、知事である私にはまったく知らされなかったこと。こうして霞ヶ関は自分たちの権限で差配できる「手続き」と「人」と「組織」で攻勢をかけてきたのです。

机上の空論振りかざす役人

なぜ国はダムに執着するのでしょう。役人はダムこそが水害を防ぐ最善の方法だと主張します。淀川水系委員会が発足したころ、近畿地方整備局の担当者は、大戸川ダムの必要性を「昭和二十八年（一九五三）に四十四名もの死者を出した水害を防ぐため」と説明し、配付資料にも明記していました。現場の事情を知らない委員は、「なるほど、それほどの人的被害が出たならダムも必要だろう」と納得していたかもしれません。しかし私は納得できませんでした。

大戸川ダムが計画されているのは大津市と甲賀市（旧・信楽町）の境目の中流部。昭和二十八年の水害は「多羅尾水害」と呼ばれ、確かに四十四名もの犠牲者を出した滋賀県内で戦後最悪の水害ですが、その原因は大戸川の最上流部、三重県境に近いはるか上流の山津波だったのです。

私は環境社会学的調査の柱の一つとして水害調査を位置づけ、実践してきました。「多羅尾水害」についても当時の被害写真や地図類を収集し、被害者の話を詳しく聞き取りした上で、原因は山上の土地開発が進み、山が荒れていたためだと推測していました。それはダムで解決できる問題ではありません。上流部の土砂災害を防ぐのは森林保全など治山対策の役割です。

近畿地方整備局は長浜市の高時川に計画している丹生ダムの建設理由にも、杉野川という支川上流部の土砂災害を引き合いに出し、「高時川流域では一九五九年の伊勢湾台風で十名死亡しました。だから丹生ダムが必要です」と説明していました。直接関係のない支川上流部の被害例を出して、いかにもダムが必要と言う。事情を知っていれば明らかに無理があるとわかるのに。しかし彼らに意図的悪意はなさそうです。地方整備局など国の出先機関では、キャリアと言われる上級職の担当者は二、三年で任地を替わります。だから地域ごとの過去の水害被害について単純に知らない、あるいは知らなくてもいいのです。

また、近代技術主義的教育の中では、「基本高水」（河川計画の基本となる想定洪水）や「計画高水流量」(各河道でダムを含む各種の洪水調節施設で制御可能な水量を差し引いた結果、河道を自然に流れる流量)という計算された洪水を、川の中に閉じ込めることで水害を防ぐことが説かれてきました。その論理の中で育つ技術系官僚は、あたかも自分たちで想定した「机上洪水」さえ抑え込めば治水を全うできると信じてしまうのです。

私が地道に手がけてきた地域ごとの水害調査をもとに、過去の水害被害とその背景要因について説明し、川の中に「机上洪水」を閉じ込めるだけでは被害はゼロにできない、堤防強化や土地利用への配慮、避難体制づくりなど社会的条件も含めて総合的かつ立体的に対策をとるべし、などといくら説明しても、彼らの耳に入りません。洪水は自然現象ですが、水害は社会現象です。社会的条件を加味して、人びとの暮らしのありさまや心に寄り添ったかたちで危機対応しなければならないのに、地元の経験に向き合うことなく、同じ水量計算の説明を続けます。近畿地方整備局の担当者が替わって、地元委員として同じことを伝えても、また元の木阿弥……。

このような国や県の担当者とのやりとりを何年も続けて、私は理解しました。国は、最初から「大戸川ダムは必要だ」「ダムなしに治水対策はできない」と信じているので、それを信じたうえでの方針をいかに地元に承知させるか、地元を説得するかということを考えています。それが彼らの使命感であり、手柄なのです。そして、自分のところの省益を高めていきます。

国の役人の中にも、本当にいのちを守るにはどうしたらいいのかを考え、ダムに頼らない治水を主張する人たちもいなかったわけではありません。その象徴が、淀川水系流域委員会を最初に提案した当時の近畿地方整備局の河川部長であった坪香伸さんであり、当時の淀川河川事務所長の宮本博司さんでした。彼らは「ダムに頼らない治水」の先導者でした。それゆえ、二〇〇五年に大戸川ダムはいったん凍結という判断を近畿地方整備局自身が公式におこなったのですが、このような考え方をもつ官僚は組織からはずされていきました。

「基本高水」のからくり

霞ヶ関の最大の目的は、対象流域での「基本高水」を決めることでした。基本高水とは前述のように河川計画の基本となる想定洪水のことで、これをダムや堤防などで川に閉じ込めることが行政上の最終的な目標となります。

元長野県知事の田中康夫さんが知事就任後、苦労したのはこの基本高水の流量をめぐる議論だったのです。「基本高水が大きい」ということは「治水安全度が高い」目標を掲げることになりますから、一般に流域住民から見れば治水上望ましい政策となります。一方、「基本高水を下げる」ことは「治水安全度を下げる」ことになり、「住民のいのちをないがしろにする」という批判に直結します。政治家は「いのちをないがしろにする」政策はとりたくありません。それゆえ、基本高水を「下げる」方針は社会的にも表明しにくいのですが、大きな基本高水を認めてしまうと、河川の中で水をためるダムの必要性が高くなってしまうというジレンマに陥るのです。

このように基本高水は流域の運命を左右する重要な指標ですが、その正体は「想定」洪水であって「実績」洪水ではありません。過去の降雨記録に社会的・地域的条件を加味して「一・五〇倍」「一・六五倍」などと実績値を引き伸ばして、仮想の洪水をシミュレーションして決めるのです。この引き伸ばし率の決め方は、ある程度の裁量がきくので必ずしも客観基準ではなく、行政側が意図的に決めることもできます。それをそのまま「さまざまな社会的な制約の中で、なんとか安全性を担保するため、ある程度意図的に決めています」と言われた方が私自身はうなずけます。しかし、基本高水が「科学的に決まっている」という説明を何度もされ、客観性を付与するフリをして、裏側では意図的に決めていることが、私には

「不誠実」に見えました。住民や国民、また多くの場合このような議論を深くすることのない知事や市町村長などの政治家にとって、ダムの是非の判断材料になる基本高水に、一種のからくりが埋め込まれているのです。

誤りを認めない官僚

このことは何度も公に発言しているのですが、誠実に改善点を認める行政官僚がほとんどいないのは残念です。基本高水という流域の運命を決める指標に裁量の余地があるならば、そこにはその地域の政治としてのガバナンス（自治力）が働かなければなりません。にもかかわらず、「行政に誤りはない」という行政の無謬性に支配された官僚が、社会的条件を独自に斟酌し、流域の運命を決めてしまっているのが河川計画の仕組みなのです。その結果、日本中に官僚論理に則った多目的ダムがいくつもできあがりました。

もちろん、このような水量計算によって、計画的で合理的な河川整備がなされるようになった効果はあります。ダムが建設された結果、河川のはん濫が回避され、被害が軽減された事例も数多く存在します。しかし、四十年も五十年も昔に計画され、今完成していないのは、必要性が低いか、どこかに課題があるからでしょう。ダム建設の課題は財政的投資の大きさ、環境的影響、水没地移転などの社会的影響が挙げられますが、意外と見過ごされているのが「ダムはすべて完成しないと一センチたりとも水位を下げる治水効果が上がらない」という、段階的整備を許さない不自由さです。堤防強化や河川改修ならば、財政状況などと相談しながら段階的に危ないところから投資をして安全度を上げることができます。このように課題が多いダムを相変わらずつくり続けるための論理として、いわば科学と見せかけた決定がおこなわれていることに、私は納得できないのです。

何度聞いても、何度説明されてもなかなか一般には理解しにくいのが、このような「基本高水議論」。極めて高度で技術的なシミュレーション技術が論じられ、河川整備について諮問される委員会は、さしずめ外国語が語られるような空間となってしまいます。

二〇〇九年に政権交代をして、八ツ場ダムなどの中止をかかげた民主党政権が、河川官僚の論理に取り込まれ、ダム凍結の公約を実現できなかったのは、上のような河川官僚の論理を覆すだけの、現場経験に基づいた治水理論と、ダム中止後の地域振興計画などがもてなかったからと、私は判断しています。滋賀県では、後で詳しく述べますが、この両者について、代替案をつくり、地元当事者の納得をいただきました。

「洗堰全閉」めぐる政治力学

もう一つ、琵琶湖・淀川水系の河川管理を語るうえで欠かせないのが「洗堰操作」です。これは琵琶湖の出口にあたる瀬田川につくられた人工堰（一八九五年につくられた初代は「南郷洗堰」、一九六一年につくり替えられた現在の二代目は「瀬田川洗堰」）での水位、水量操作のことを指します。

百本を超える河川が流れ込む琵琶湖は、この瀬田川洗堰を閉めることで下流に流れる水量を減らすことができます。台風などで近畿一帯に大雨が降ったとき、下流の宇治川や木津川、そして淀川があふれないように瀬田川洗堰を完全に閉め切ることを「全閉操作」と言います。琵琶湖周辺の住民にとっては、下流を守るために上流の自分たちの安全を犠牲にし、実際に琵琶湖水位の上昇によって水害に苦しんできた歴史があります。この瀬田川洗堰の全閉操作をやめる、つまり「全閉を解消する」ことは、滋賀県民の悲願ともいわれていたのです。瀬田川と合流する大戸川の水をせき止める大戸川ダムは、瀬田川を含めた下流の水量を減らすため、洗堰の全閉解消にもつながる、というのが当時のダム推進派の主張でもありました。

では実際の水害被害はどうなっているのでしょうか。私が過去にした調査でわかったのは、琵琶湖周辺の水害は堤防が破れてあっという間に洪水が広がる河川の水害と性格が異なり、周辺の河川から琵琶湖に流れ込んだ水がじわじわとたまり、一時間で最大二―三センチ上がる現象である、ということです。地元ではこのような水害を「水込み」と呼んでいました。水込みは水位が上がるのに時間がかかりますが、同時に水位が引くのも時間がかかります。一八九六年（明治二十九）の大洪水も、水位が平常に戻るのには半年以上かかっています。

一方、琵琶湖周辺の水込みは、春から夏にかけての時期には温水性のコイ科魚類の産卵、秋には冷水性のアユやマスの産卵時に必要な水位の変化を促し、水量を維持することになり、魚の生態系には有利に働きます。私は、水位が上がるのは悪いことばかりではない、という意見書を二〇〇五年に淀川水系流域委員会に提出していました。そもそも、琵琶湖にすむ魚類たちは春から夏の梅雨時期、秋の台風時期に産卵するように何万年もの間、生物の種として適応してきたとも言えます。突如として人為的に水位が操作され、生活史の前提が劇的に変わってしまうと、この変化に魚たちは適応できません。魚たちにとっては生物種の絶滅をも意味するほどの大変化かもしれないのです。生物多様性が注目されるようになった近年、とくに古代湖としての固有種を大切にする滋賀県としては、産卵条件にも配慮した洗堰操作が今こそ求められます。

それゆえ、琵琶湖淀川水系全体の住民のいのちと暮らしを守るためには、それぞれの河川の地勢的個性を活かして、治水、利水、環境保全をうまく組み合わせながら、「上流は下流を思い、下流は上流に感謝をする」という共生型、補完型の仕組みが有効であると繰り返し提案してきました。そして宇治川や淀川に堤防決壊の危険が迫った時には、互いを思う絆、信頼の中で、洗堰全閉を含む放流制限は当然なすべき、と考えていました。もちろん下流を守るために発生する琵琶湖周辺の暮らしへの被害に対しては、何らかの補償をする仕組みは必要です。

しかし県議会では「知事は水位が上がったらコイ科魚類の産卵が促されるので望ましい、という意見書を淀川水系流域委員会で出しているが、それは本当か。そもそも琵琶湖の水位は一センチも上げてはいけないのだ。水位を一センチでも下げることが滋賀県知事の仕事なのだ」などと強く言われました。私には大変意外な質問でした。そもそも湖岸で暮らす人たちの間には、多様な意見があります。農家の人は湖辺の農地が水につくのを嫌い、どちらかというと水位が低いのを歓迎します。一方、漁師は水位が高い方を歓迎します。産卵を促し、ヨシ帯を含め、魚類の生息場を拡大するからです。いずれにしろ水位問題に一方的に有利な答えはありません。「トレードオフ関係」が存在するのです。

それを一方的に、「知事は一センチたりとも琵琶湖の水位を上げてはいかん」「水位を下げることが知事の仕事だ」「水位を上げて水害が出たらどうするんだ」と大変な批判が議場に飛び交いました。その時、私は何か政治的意図を感じざるをえませんでした。

その政治的意図が見えてきたのが二〇〇六年の十二月頃でした。前出の元近畿地方整備局の関係者と県職員が、「洗堰の全閉解消という、後世に残る政策を知事として実現できる機会が来ました」と売り込んできたときです。「全閉解消」を実現することは県民の悲願を実現でき、知事として後世に残る業績であり、自身を売り込むことができると説明します。彼らにとっては、県民が選んだ知事が出したマニフェストの方針よりも、琵琶湖総合開発時のやり残しを全うしたい思いの方が依るべき指針だったのでしょう。県民が選ぶ知事ではなく、まさに「霞ヶ関知事」（泉田裕彦新潟県知事の表現）の方針にしたがって仕事をする。私自身はこのような状況を信じたくないし、考えたくありませんが、このような政治力学が、知事就任直後からかなり後まで生きていたようです。具体的には、土木交通部長と河川担当課長を国土交通省からの出向者ではなく県採用のプロパー職員に替え、琵琶湖政策体制を改組する二〇〇九年ごろまで存在していました。

ほかの府県でも類似のことはあるのではないでしょうか。戦後、住民が選ぶ民主的な民選知事になっても、戦前の官選知事による国の出先機関としての県庁の位置づけと役割はあまり変わっていなかったのです。無謬性を求める慣性に支配された国や県庁の役人が、議会の一部ともたれあいながら、県民に見えないところでものごとを決めてきたのです。二〇一〇年十二月に関西広域連合を立ち上げ、国の出先機関の権限を広域連合に「まるごと移管」するよう霞ヶ関に求める活動の原点の一つは、このような経験にありました。

すり替えられたダムの建設理由

結局、淀川水系河川整備基本方針を決める小委員会は二〇〇七年一月から始まりました。琵琶湖・淀川水系の関係府県知事（兵庫、大阪、京都、奈良、三重、滋賀）がメンバーになっていましたが、毎回知事自身が顔を出したのは私だけでした。合計七回の会議が開かれ、七月には瀬田川洗堰の全閉解消と大戸川ダムの必要性を埋め込む河川整備基本方針が示されました。

私は基本高水の決定過程に対して疑問を呈し、特定の施設整備を誘導する意図がみえみえの方針はおかしいと言い続けましたが、河川法に基づき基本高水は国によって決められました。並行して九州の球磨川の河川整備基本方針でも川辺川ダム問題があり、当時の熊本県の潮谷義子知事がやはり基本高水について疑問を出していましたが、国に寄り切られたかたちで基本方針が決まっていきました。熊本の場合は県だけで判断できますが、琵琶湖・淀川水系は下流の大阪府や京都府知事との意見調整があり、熊本以上の困難に直面することになることは予想できました。

このころ、足元でも私は大変苦しい立場に立たされていました。県庁内に流域治水政策室を設置したものの、県議会から予算が認められなかったのです。これでは到底、前に進めません。配属した職員たちの士気を維持するためにも予算をつけなければなりません。一月末から二月上旬にかけて苦しい折衝を重ねた末、河川法一六条の二にいう住民参加の議論を今後進めることを前提に「ダムを計画案として川づくり会議で議論する」と発表しましたが、これは一斉にマスコミの批判を浴びることになりました。「凍結する」としていた大戸川ダム建設を「容認した」と受け止められたからです。記者会見で「住民対話という手続きが必要であり、そこで具体的に計画を練る」といくら説明しても理解してもらえず、一斉に「マニフェスト違反」の報道。苦渋の日々が続きました。

七月の河川整備基本方針の決定を受け、八月には近畿地方整備局が淀川水系河川整備計画の原案を提示。驚くべきことに、ここで大戸川ダムの建設理由がすり替えられていたのです。

それまで私は、大戸川ダムは「洗堰の全閉解消」のために必要であると説明を受けていました。しかしこの原案に基づく説明では「下流桂川の安全確保のため」という言い方に変わっていました。確かに桂川改修の緊急性は高いのですが、改修すればその分だけ下流の淀川へ流れ込む水量が多くなり、淀川本川が危険になります。つまり大戸川ダムは、桂川改修によって生じる淀川本川の流量増をキャンセルするために必要という言い分に変わっていたのです。

なぜでしょうか。実は「瀬田川洗堰の全閉解消」の効果は琵琶湖水位の六―七ミリ分しかありません。この具体的な数値はずっと私には伝えられず、今回の原案で初めて目にしました。一センチにも届かない琵琶湖水位の上昇のために一千億円もの投資が必要な大戸川ダムを建設することなど到底、私は納得しないし、多額の負担を強いられる京都、大阪府民、そして滋賀県民にも説明がつきません。そこで近畿地方整備局は大戸川ダムの必要性をすり替えたのです。まさに「つくりたいからつくる」という状態。私の大戸川ダム建設への疑問はいよいよ決定的なものとなりました。

国に振り回されるのは御免だ

二〇〇八年四月三日、滋賀県からの呼びかけで大阪、京都、滋賀の三府県知事が近畿地方整備局と淀川水系流域員会、双方の意見を聴く場を設定しました。流域委員の宮本委員長、整備局の新局長が治水の考え方や大戸川ダムについてそれぞれの主張を述べました。

ここで私は初めて大阪府の橋下徹知事（現・大阪市長）にお会いしました。橋下知事は「ダムによって治水効果が具体的にどうあるのか、効果がないものには予算は出せない、効果があるなら予算は出す」という中立的な意見でしたが、整備局長の「計画高水位を超えると淀川に架かる橋梁の高さや水門操作などに影響が出る」という主張には半信半疑の様子。その後の六月の聴取でも「計画高水位の意味は食品安全基準のような厳密なものなのか」「大阪としてはダムの必要性はあまり感じていないが、上流に迷惑が掛からないか」などと確認していました。京都府の山田啓二知事も「整備局と委員会がそもそも意見対立をしていることがおかしい。このまま意見を聞かれても知事として判断できない。京都府としては、独自に諮問委員会をつくって、判断材料を準備したい」などと、整備局と委員会との関係正常化や、京都に関係が深い宇治市の天ヶ瀬ダムの操作による安全度確保などの論点整理を求め続けました。

ところが、関係知事が議論を尽くすべきと主張したにもかかわらず、近畿地方整備局はこれらの意見をまったく無視するように大戸川ダム整備が記述された整備計画案を二〇〇八年六月に提示したのです。この国の強引さに、知事連携の歯車が一気に回り出しました。財政立て直しに懸命でマスコミ発信力がある橋下知事、知事会などで出先機関改革や地方分権の中心的役割を果たしている山田知事、そして環境の現場と向き合ってきた私。三者三様の得意分野を活かしながら連携を深めていけば、真に住民にとって望ましい河川政策が実現するという予感がしました。

二〇〇八年八月には橋下、山田両知事を滋賀県の環境学習船「うみのこ」に招待、琵琶湖上で会談しました。私がスライドを使って琵琶湖の治水、利水、環境保全の歴史、制度的仕組みなどを二時間近くにわたって説明した後、竹生島付近の湖中から水を汲み上げて、茶碗水で乾杯。河川法に基づいて国に示す知事意見を上下流共同で出そうと合意しました。これまで前例のない上下流の連携に、「到底無理」と主張した職員も多かったのですが、一方で「もう国に振り回されるのは御免だ。河川政策にも自治があるはずだ」と使命感をわきたたせた職員もいました。
こうして三府県による緊密な連携と知事同士の議論が始まりました。

横やりを繰り返す国の役人

京都府では京都大学の中川博次名誉教授を座長とする技術検討会が開かれ、天ヶ瀬ダムの非常用容量（計画上はあてにしないがいざという時に活用する余裕の流量、ハンドルの遊びのようなもの）や喜撰山ダム（関西電力の夜間電力を活用した揚水発電用）などの既存施設の有効活用を図れば、宇治川や淀川本流で当面必要とされる治水安全度を確保でき、大戸川ダム建設の緊急性は低いという結論が出されました。これを受けて滋賀県でも、国と同じモデルを使った独自の計算をおこない、大戸川ダムなしでも、天ヶ瀬ダムの非常用容量と喜撰山ダム容量の活用や、大戸川の河川改修で同等の治水安全度を確保できるという結果を出したのです。

ところがこのころ、県や私の動きはすべて近畿地方整備局に先読みされていました。土木交通部長が知事より先に、近畿地方整備局に検討結果を報告していたからです。十月の三府県知事会談では「天ヶ瀬ダムの非常用容量は、万一の時のために残してある治水容量であり、計算上は使えない」「喜撰山ダム容量は関西電力という民間施設であり、活用の許可が得られない」などと、県の担当職員が出した「大戸川ダムなし」の結果を覆すような資料が国から用意されていました。この資料が土木交通部長から私に届けられたのは会議前日の夜。結果が反対ではないか、と私は愕然としました。

しかし攻防はまだ終わりません。明け方までには、担当職員から「喜撰山ダムの活用を前提とする資料が、国土交通省から河川整備基本方針の審議会資料としてすでに公表されている」「河川整備計画で想定する戦後最大洪水であれば、天ヶ瀬ダムの非常用容量を使用せずとも計画高水位以下に抑えることができる」といった再反論の根拠が示されました。そこで私は国からの資料には「整備局介入資料」と付記し、橋下、山田両知事に手渡し、すべての事情を説明したのです。

滋賀県の土木交通部長は昭和四十年代以降、代々国から派遣されていました。当時の部長も大変苦しかったのでしょう。親元が国であるがゆえ知事の方針に従えず、国の方針に従って、それでも滋賀県職員としての顔で仕事をしなければいけません。まさにダブルバインド、股裂き状態。その下で仕事をする職員にも「知事の指示」「部長（霞ヶ関、近畿地方整備局）

の指示」という股裂き状態を強制することになります。これ以上、残酷なことはありません。私自身、部長にも職員にも申し訳ないと思いつつ、必要性・緊急性の低いダム建設を強行する国から言われるままというわけにはいかず、知事として心をオニにしました。

十一月上旬に、和歌山県での近畿ブロック知事会議で「大戸川ダムは整備計画に位置づける必要はない」という意見書をまとめることが知事の間でほぼ決まりました。ところが、こうした内容も整備局に筒抜けでした。知事会議の前日に、近畿地方整備局は記者会見を開いて「喜撰山ダムなどの既設施設は確実に利用できるものではないため、計画に位置づけることはできない。天ヶ瀬ダムの非常用容量は危機管理上必要な余裕であり、これをほかの機能に割り当てることはできない。喜撰山ダムは電力会社の施設であり、何時でも必ず治水のために使えるという担保はない」などと反論してきました。

山田知事は「河川法に基づき、意見を聴く側がその意見を受け取る前に反論を言うというのは、河川法の趣旨からして理解できない。法の趣旨からしても、手順から言ってもおかしい。圧力と受け取られても仕方ない対応だ」と激怒。橋下知事は「これまでの国の言い分、国の意見の繰り返しで何ら新しい知見ではない」と取り合いませんでした。

公式にこちらが意見を言う前に、事前に手を回して各府県の動きに横槍を入れてくる国の役人。自治体なんて自分たちが何とでも動かせるとでも思っているのでしょうか。まさに地域主権改革を言っている国が、実はまったく何も変わっていないのです。知事たちは怒りを煮えたぎらせながら十一月十一日、三重県知事を加えた流域四知事として、大戸川ダムは「緊急性なし」との意見を発表しました。

「玉虫色」だが画期的な決着

近畿地方整備局から出された反論の文書は、四府県知事合意の数日後、近畿地方整備局のホームページから消えていました。自分たちの行き過ぎた行為に対する世間からの批判をおそれたのでしょう。それ以上に「喜撰山ダムは電力会社の施設であり、何時でも必ず治水のために使えるという担保はない」と言い張ること自体、実は河川管理者としての責務を放棄していることになります。河川法五二条には「河川管理者は、洪水による災害が発生し、又は発生するおそれが大きいと認められる場合において、災害の発生を防止し、又は災害を軽減するため緊急の必要があると認められる時は、ダムを設置する者に対し、当該ダムの操作について、その水系に係る河川の状況を総合的に考慮して、災害の発生を防止し、又は災害を軽減するために必要な措置をとるべきことを指示することができる」とあります。つまり、たとえ関西電力の施設であっても、住民のいのちを守るという目的のためには瀬田川の河川管理者たる国は関西電力に命令をできる立場にあるのに、それを逃げ口上に使ってダム建設のごり押しをするということになります。国は本当に住民のいのちを守る河川管理をしようと思っているのでしょうか。あるいは、喜撰山ダムのコメントを出した担当者は河川法五二条を知らなかったのでしょうか。

年が明けて二〇〇九年の一月には、橋本、山田両知事を再び滋賀県に招き、大戸川を現地調査。そして二月には橋下知事、山田知事とともに近畿地方整備局長に意見書を提出しました。地元の複数の知事がこぞって国に対してダム計画反対の意見書を提出するのは前代未聞で、新聞各社およびテレビなどのメディアは一斉にトップニュース扱いでした。

年度末、当時の金子一義国土交通大臣が「大戸川ダムは凍結」という談話を表明しました。私は知事意見が受け入れられたと理解をし、記者会見でも「歓迎」の意思を表しました。

ところが夕方、整備計画本文が届いて内容をチェックすると、整備計画に大戸川ダムは「位置づけられている」のです。目を疑いながら読み進めていくと、本文とは別に「大戸川ダムに関する考え方」と称した資料があり、その中に「当面は実施しない」「実施する時には改めて知事等の意見を聴く」と書かれてあります。結果的に知事意見の半分は無視、半分は受け入れ、という玉虫色の結論でした。官僚の意思として大戸川ダムは「位置づけられた」と言えます。国交相が政治的メッセージとして事実上のダム凍結に言及されたことを踏まえて一定の評価をしました。しかし、この官僚のダブルスタンダードに対して、大臣はもっと政治力を発揮してよかったのではないか、という思いがいまだに残ります。

ともあれ、下流域である京都府、大阪府の知事と滋賀県知事とが江戸時代以来の永い地勢的な宿命である上下流という対立の歴史を乗り越えて、「上流は下流を思い、下流は上流に感謝する」という上下流連携で大戸川ダムの政治的凍結ができた意味は大きく、日本の河川政策史に残る画期的なことです。流域自治への可能性が見えてきた瞬間であるとともに、この経験は後の関西広域連合設立への一つの原動力となりました。

国会議員と知事の「兼職」は認めるべき

こうした官僚との闘いから、見えてきたものが二つあります。

一つは、民主党政権が「政治主導」を実現できなかった背景のひとつに、「省益重視の官僚」主導で、政治家は圧倒的に力不足で、霞ヶ関官僚に差配されてきた、その仕組みが見え、改善の方法が見えてきたことです。これを解決するために、私は国会議員と知事など地方自治体首長の「兼職」が認められるべきだと思うようになりました。地方自治の実務や縦割りを超えて住民のニーズを肌身で感じて政策実現をしてきた自治体の首長こそ、霞ヶ関の制度疲労に風穴をあけられると思うからです。

日本国憲法は、第四三条で国会の衆参両議員は「全国民を代表する選挙された議員でこれを組織する」と規定しています。しかし、公職選挙法第八九条は「国若しくは地方公共団体の公務員又は特定独立行政法人若しくは特定地方独立行政法人の役員若しくは職員は、在職中、公職の候補者となることができない」として、内閣総理大臣その他の国務大臣、内閣官房副長官、内閣総理大臣補佐官、副大臣及び大臣政務官を例外として、公務員などが選挙に立候補することを制限。国会法第三九条も「議員は、内閣総理大臣その他の国務大臣、内閣官房副長官、内閣総理大臣補佐官、副大臣及び大臣政務官及び別に法律で定めた場合を除いては、その任期中国又は地方公共団体の公務員と兼ねることができない」、さらに地方自治法第一四一条は「普通地方公共団体の長は、衆議院議員又は参議院議員と兼ねることはできない」と、はっきりと兼職を禁止しています。

しかし、この規定も決して歴史が古いわけではありません。一八八九年（明治二十二）公布の明治憲法では、衆議院議員選挙法で衆議院議員の兼職に関する規定を明文化。知事は職務に妨げのない限り、原則的に衆議院議員との兼職が認められていました。貴族院議員についても貴族院令に兼職の禁止規定はなかったのです。

この衆議院議員選挙法が一九二五年（大正十四）になって改正され、衆議院議員と知事との兼職は禁止されました。それでも貴族院議員に制限はなく、引き続き兼職は認められていました。貴族院との兼職も禁止されるようになったのは戦後、昭和憲法の制定に基づく一九四六年の第一次地方制度改革です。その趣旨は、政務と事務の明確化、国の指揮監督を受ける立場の官吏（知事は一九四七年五月三日の憲法施行日までは官吏の地位）は議員としての職務を全うできないという懸念、知事は地方行政の中枢で、議員も激務であり、兼職は許容しえないという配慮からでした。

しかし、私は滋賀県知事を二期務めながら、この兼職制限に疑問を持ち、指定都市市長会などを通じて世界の事例を調べてみました。

大多数の議員が兼職のフランス

フランスでは、州議会議員や県議会議員、さらに日本の市町村にあたる「コミューン」という基礎行政単位の議会代表も、国会議員を兼ねることができます。各地方議会の首長は議員間の互選で決まるので、首長と国会議員の兼職も可能ということです。

フランスの国会は国民議会という下院（任期五年、定数五百七十七名）と元老院という上院（任期六年、定数三百四十三名）に分かれ、国民議会は大統領が解散権を持つ国民代表、元老院が県単位の選挙人団が間接選挙で選ぶ地域代表の性格を持っています。調査した二〇〇五年の時点で、上下院合わせて九百八名の国会議員のうち、州議会議員は九十四名、県議会議員は二百四十九名、市町村（コミューン）議会議員は五百七十八名にも達します。兼職していない議員は百五十八名で、全体のわずか一七・四パーセント。圧倒的に大多数の議員が兼職をこなしていました。

もちろん、兼職を可能にするための仕組みがさまざまに整備されています。国会での法案審議は、原則週三日間。市長は複数いる副市長に広範な権限を委任でき、逆に国会を欠席する場合は他の議員に代理投票を任せることができます。

兼職のメリットは、国会議員がそれぞれの地方での経験や住民の声に照らし合わせ、地方の利益と国家の利益の調和を図ること。一方で、デメリットとして地方の利益を優先させて国家の利益と衝突することや、地域で有力政治家の権力集中を招くこと、首長として十分な職責を果たすことが難しいことなどが指摘されています。フランスでも以前は無制限に兼職が可能で、コミューンと県、州、国、欧州議員の五つの公職を兼務する例もあったそうですが、さすがに弊害が目立つようになり、一九八五年からは兼職を二つまでに制限する法律が制定されました。

日本でも首長兼職についてはさまざまな議論があります。次章で詳しく振り返る衆院選で、私は「日本未来の党」党首として選挙に臨み、党首と知事との兼務について激しい批判を受けました。厳しい選挙結果もあって結局、知事職に専念することになりましたが、現状のままでよいとは思っていません。これまで明らかにしてきたように、霞ヶ関の中央官僚は河川管理や防災などで、地方自治体でも十分に管理能力を発揮できている部分にも「国でなければできない」という姿勢で過剰に介入してきます。それに対し、地方行政を知らない大臣らは官僚の言うがままに官僚機構を追認し、その横暴をコントロールできません。

「兼職なんてできるわけがない」と決めつけて議論を避けるのでなく、論点をきちんと整理して、よりよい制度づくりを目指す前向きな議論がなされることを求めます。

あまりに乱暴な「道州制」議論

もう一点は「道州制」の問題です。四十七の都道府県をなくし、全国を十あまりのブロックに分けて新しい役所を置く道州制導入を目指す動きはこれまでにも何度かありましたが、政党や経済団体を中心に、最近また活発な動きが見られます。とくに二〇一二年十二月の衆議院議員選挙では、自民党、公明党、維新の会、みんなの党の四党が道州制を政権公約にいれています。「道州制になれば地域のことは地域で決められる」「道州制で日本全体に活気がよみがえる」とバラ色の未来のように語られていますが、本当にそうなのでしょうか。私は滋賀県知事としてさまざまな角度から道州制を検証してきましたが、現在の議論は非常に乱暴で疑問だらけです。

そもそも、現在の都道府県制ではなぜいけないのでしょうか。都道府県制は明治時代の廃藩置県以来、百二十年にわたって続いてきた制度で、それぞれの都道府県で地域の自然や歴史、文化を活かしながら自治の基本単位として根付いてきました。

滋賀県も明治五年の廃藩置県で誕生しましたが、その大きさや形は七―十世紀の律令時代にできた「近江国」とほとんど変わりません。つまり千三百年前から琵琶湖を中心に地理的な一体感を有し、独自の文化や地域のアイデンティティを育んできました。県政世論調査では、滋賀に住み続けたいという県民はずっと上昇傾向で、最近は八割近くに達します。「滋賀県民」の定着は年々、根強いものになっているのに、そのアイデンティティをあえて崩すことが今なぜ必要なのでしょうか。

これまでに示された道州制の区割りでは、滋賀県はすべて関西、または近畿に編入されています。仮に近畿二府四県が一つの州になると、人口約二千万人、市町村数百九十八、府県職員数（教育、警察含む）約二十一万五千人、府県議会議員数三百九十一人、予算規模は約七兆五千億円となります。さらに国の出先機関が加わると、世界でも有数の巨大組織ができることになります。

こうした巨大な道州に、国は外交や防衛など限られた仕事を残して、大半の事務や権限を移譲するそうです。しかしそんなことが本当に実現可能なのでしょうか。事務、権限だけでなく予算も移譲されるといっても、一方で国から借金の付け替えがおこなわれたら、道州はさらに多くの負債を抱えることになり、独自の政策にかけられるお金は極めて限定的となります。スケールメリットで人件費は幾分かコスト削減が可能でしょうが、都道府県の人件費の大半は教員と警察官で、それらは道州になったからといって削減できるものではありません。滋賀県で試算したところ、約一万八千人の県職員の中で一万二千人は教職員、二千五百人は警察官、行政として合併して削減できる職員数は三百五十人前後で全体の二％程度しかありません。

一方で、市町村はこれまで県がやっていた仕事をかなり引き受けることになり、一気に仕事が増えます。今、さまざまなパターンが考えられているようですが、ある計画ですと、高等学校や特別支援学校も市町村の運営となります。道路や河川の整備、琵琶湖の環境保全も市町村の仕事になります。滋賀県でも市町村合併が進展して十九市町となりましたが、道州制になれば、また市町村合併を進めることになるかもしれません。

道州制推進論では、住民がもっぱら行政サービスの受け手として捉えられていることも問題です。今は地域住民自らが自治に関わり、地域を活性化していく時代です。このような住民自治が機能する環境や仕組みをいかに確保するかという視点が現在の議論では抜け落ちています。

関西では地方分権改革の突破口として関西広域連合を設立し、河川政策や災害対応ですでに大きな成果を残しています。府県を超える広域自治体は今の枠組みでできる、ということを証明しているようなものです。道州制の詳細な制度設計が明らかになっていない中では、従来の都道府県を基礎として、広域課題には広域連合で対応することが現実的ではないでしょうか。

私は理想の自治体を「つぶあん」にたとえます。地域の個性を生かして一つの自治体をまとめるには、中につぶを残した「つぶあん」型がいい。今の道州制は中身をつぶして均一にした「こしあん」をつくろうとしているように思えます。そして、府県の中心部をつぶして、これら地域の経済、社会を疲弊化して、道の中央となった都市部だけが栄える、いわば「州央集権化」が懸念されます。

縦割り行政を横つなぎ

この他にも、私の知事としての政策が国の制度や仕組みと対立することはいくつもありました。

二〇一〇年からの二期目の県政で力を入れたのが、若者と女性の雇用対策です。

バブル崩壊後、企業の経営環境の悪化とともに「終身雇用」が崩れ、非正規雇用が一気に増大、若者の就職も不安定になりました。ところが、県内各地の中小企業の経営者と話をすると、世間でいう新卒学生の「就職困難」とは大きく事情が異なり、中小企業はなかなか人材確保ができないという訴えが出てきます。若者は大企業志向が高く、中小企業には目を向けてくれないからです。統計的にみても、大企業では求人一人に四人の求職者があるのに対し、中小企業では同〇・五人。その差は八倍にもなっていました。

このようなミスマッチを改善するため、仕事を求める若者の職業意識やコミュニケーション能力をきめ細かい支援で伸ばし、自信をもって社会に出てもらう「若者育て」と、人材不足に悩む中小企業との「マッチング」を図る若者就職支援事業を始め、その拠点を「ヤングジョブセンター」と名づけました。

その女性版と言えるのが「マザーズ・ジョブ・ステーション」。女性の就職希望者を総合窓口で受け付け、「仕事をしたいけれど、どうしたらいいかわからない」「子育てと保育を両立したい」「自立に向けて資格取得や、職業訓練を受けたい」といった多様なニーズを一カ所でまとめて受け付ける「ワンストップサービス」の窓口です。すぐに就職したい人にはハローワーク情報にもアクセスできるようにしました。

しかし、このハローワーク情報を国はなかなか地方に出してくれませんでした。国の出先機関である労働局は、地域や自治体とのつながりをなかなかつくろうとはしません。若者支援事業でも、地域のために積極的に中小企業の若者、女性の雇用相談のワンストップ窓口の仕事を掘り起こすという地道な仕事は国のほうではエネルギーを注げません。労働局が重い腰を上げて、両事業を軌道に乗せるのに五年ほどがかかったことになります。

そして、極めつけの国との対立が、原発問題でした。これは国の仕組みを根本から変えないとと、どうにもならない。第1章でつまびらかにしたような経緯で、その思いが頂点を極めていたとき、私を国政の舞台に押し出したのが小沢一郎という政治家だったのです。

第4章

政治は未来への約束

小沢さんとの出会い

二〇一二年九月末、岐阜国体で出張されていた旧知の岩手県の達増拓也知事が大津に足を延ばして来られ、私と会ってこう言いました。

「小沢一郎さんが脱原発グループをまとめようとしている。自分が国政に出るのは気が引けるので嘉田さん、あなたではどうか」

寝耳に水の話で、私は「え?」と聞き返しました。そのころ、大阪市長の橋下徹さんが、すでに日本維新の会を立ち上げて原発反対を唱え、国政に乗り出そうとしていましたから、私は「橋下さんに任せておけばいいわ」となかば思っていたのです。

しかし達増さんは「とにかく小沢さんと会ってほしい」と懇願します。こちらもお会いするのはやぶさかでないと思っていましたら、十月に小沢さん自ら関西方面に来られ、京都で私と面会することになりました。

「二〇〇六年の知事選から、あなたを見ていた」

小沢さんはそう切り出しました。

私は最初の二〇〇六年の滋賀県知事選で各政党の推薦をもらうため、つてをたどって当時、民主党代表だった小沢さんに連絡をとったことがあります。小沢さんは地域の首長選挙において、自公民の相乗りでなく、民主党として単独推薦を出せるとまでおっしゃってくれました。しかし、滋賀県の県連は現職支持を押し通し、私には推薦を出しませんでした。結局、私はまったくの無所属で選挙を闘って当選したのは第2章で書いた通りですが、そのときのプロセスを小沢さんはずっと見ていて、「あのときのあなたの選挙はすごかった」と言うのです。

私が選挙戦を琵琶湖の源流の集落から始めたことを知っていて、「僕も選挙は最上流から攻める〝上流主義〟。上流の人は下流の都会に出て働くから、都会を回ったときにわざわざ上流に行ってくれたと喜んでくれるでしょう」。私は思わず「それは誰から教わったんですか」と問い返すと、小沢さんはこう答えました。

「田中角栄さんだよ」

そんなふうにやりとりしているうちに、小沢さんの地方を思う姿勢に関心をもちました。利益誘導型政治家の象徴のように見られている人が、意外に草の根主義の一面がある。また原発ゼロ政策も前向きに進めようとしていて、ドイツへの調査も計画しているという。そして私に、国政に出てほしい、と小沢さんは頼みました。国会では解散風が吹き始めていたころ。しかし滋賀の県政は来年度の予算編成にも取りかかっていました。私はそもそも自分が国政に出るということは考えていませんでした。ただ、前の章で述べてきたように、私のライフワークであり、滋賀県民の皆さんが私に期待した「琵琶湖を守る」という目的のために、国政に対して意見表明が必要と考えていました。十四基も原発が集中立地している若狭湾岸に、直近のところでは十三キロしかはなれていないというのに、滋賀県は立地地元の福井と比べると、まったく権限がゼロなのです。何も守られていません。

それでも知事としての仕事を優先させるべく「とても無理です」と私は断りました。小沢さんとは十月中にもう一度、京都でお会いして説得されましたが、私の返事は「あきまへん」と変わらず。

しかし、それから一カ月もたたない十一月十六日、国会で野田佳彦首相が突然の解散を表明。十二月十六日投開票の衆院総選挙へ。ここで風向きはまさしく急変しました。

脱原発議員の受け皿としての「未来の党」

何のための解散か。野田首相は「私が政治生命をかけた社会保障と税の一体改革を実現する際に、実現をした暁には、近いうちに国民に信を問うと申し上げた。その約束を果たすため」と記者会見で述べました。しかし、3・11後の初めての国政選挙です。原発の是非が争点にならなくていいわけがありません。それなのに、求心力を失って崩壊状態の民主党、安倍晋三さんが二度目の総裁となって自信をつける自民党、そして維新の会は石原慎太郎さんと組んで脱原発の姿勢がトーンダウンというありさま。私は橋下さんという原発反対の「仲間」を失う一方で「脱原発の票の受け皿がない」と言って私の背中を押そうという人たちが現れてきました。

そんな中で十一月二十四日の夜、再び小沢さんが私に会いにやってきたのです。小沢さんと私に加えて、旧知の仲でもあるNPO法人環境エネルギー政策研究所の飯田哲也さんにも声を掛けて同席してもらいました。

まさに〝三顧の礼〟で、あらためて政党の代表として国政に打って出て、という小沢さんに、私はやはり「できません」と最初は完全に断るつもりでいたのです。しかし、隣にいた飯田さんは「原発を争点化するには今しかない」と前向き。私も気持ちが揺れ動き始めました。最後に小沢さんはこう言いました。

「百はとれる」

候補者は百二十人以上、そのうち百人は当選すると〝選挙の神様〟が言う。逆に「このまだと脱原発の議員は死屍累々になってしまう」とも訴えられました。

「びわこ宣言」を発表

私は前日に見た、脱原発を主張する議員百二十人のリストを載せた「中日新聞」の紙面を思い出しました。あの候補者を一人でも多く残さなければ若狭湾岸の原発の再稼動が進められる。それは琵琶湖への危機である。もんじゅのプルトニウムの危険性も訴え続けないといけない。…そんな「正義感」というのか「義侠心」というのか、そのようなものがわき上がります。小沢さんは「あなたは外に遊説に出てもらえればいい。中は全部、自分がやる」とも言いました。よほど準備ができているんだと思った私は、一つ条件を出しました。「まず、小沢さんが党（国民の生活が第一）の代表から降りる形にしてほしい」。すると「うちの党がなくなってもいい。一兵卒としてやる」。そんな小沢さんの言葉を信じて、「やるしかない」と腹をくくる決意をしたのです。

そしてパンフや政策の準備のため、十一月二十五日には東京へ。その翌日、十一月二十六日の「朝日新聞」が「嘉田新党発足か」と朝刊一面の記事ですっぱ抜きました。どこからのリークかはわかりません。とたんに取材の電話などが鳴り出します。今回の動きについては週末から順番に滋賀県の地元の支援者らに説明し、二十七日に記者会見を開く段取りになっていました。しかし、もう県庁中、いや日本中が大騒ぎ。ここまで来たらやるしかありません。予定通り翌日、二十七日の午後、琵琶湖のほとりに立つ交流会館で飯田さんとともに会見し、新党「日本未来の党」の結成と、政策綱領である「びわこ宣言」を発表しました。この宣言については、ずっと私自身、あたためていた原発への思いを原案として、飯田さんと相談をしながら最終的にまとめたのが、次のようなものです。

【びわこ宣言】
政治は未来をつくるもの。
右か左かではない、私たちが目指すものは日本の未来の安心。
国民のみなさんに日本の未来を選択する、その選択肢を提示したい。

国政への危機感、中央集権体制を変え、現世代につけまわしをしてきた旧体制を変えなければならない。

3・11後初の国政選挙であるにもかかわらず、「原発のない社会」に向けての議論は不透明のまま。自民党はこれまで原発の安全神話をつくり、事故への備えを怠たり福島事故に対する反省は一切なく、原発推進ともとれるマニフェストを発表。

福島の事故は、放射性物質を大気や水中に広げることで地球を汚した、この重い責任を感じることなく、経済性だけで原子力政策を推進することは、国家としての品格を失い、地球倫理上も許されないことである。

原発事故の潜在的リスクが最も高いのは老朽化した多数の原発が集中立地する若狭湾に近い滋賀県、琵琶湖である。琵琶湖は近畿圏千四百五十万人の命の水源であり、その琵琶湖をあずかる知事として、このまま国政にメッセージを出さないことは、これまで琵琶湖を守ってきた先人に対しても、子や孫に対しても申し訳が立たない。

今、ここに、国民のみなさんの信頼を取り戻し、国民のみなさんが希望を持つことができる、未来への選択肢となる新しい政治の軸を立てる「びわこ宣言」を行います。未来を拓く新しい政治を始めましょう。

…この「びわこ宣言」と同時に、これまで私自身が滋賀県政として実践してきた政策を柱に、国政としての方向を定め、「卒・原発」「活・女性、子ども」「守・暮らし」「脱・増税」「脱・官僚」「誇・外交」の六項目を「未来をつくる政治の結集軸」として打ち出し、これに賛同できれば「来る者は拒まず」「この指とまれ」と呼びかけました。結局、「生活」系の七十人に加え、前国民新党代表の亀井静香さん、名古屋市長の河村たかしさんが率いた減税日本の候補者ら、総勢百二十一人が結集。一躍、「第三極」の最大勢力が誕生したのです。

民主、自公はもちろん多くの反応がありました。政治家以外でも稲盛和夫さん菅原文太さん、鳥越俊太郎さん、茂木健一郎さんら影響力のある人たちが賛同してくださり、脱原発の受け皿を待ちわびていた人たちからの大きな期待を感じることができました。

予想以上の小沢批判

ところが、どうも小沢さんが一枚かんでいるぞ、ということがわかってくると、その反発もすごいものでした。県庁の電話は鳴りっぱなしとなり、「なぜ小沢か？」「嘉田知事の清新なイメージと違う！」という抗議。「よく手を挙げてくれた」という激励もありましたが、少数でした。とくに県内の人からは「なぜ小沢さんと?」という声とともに、「知事に専念するべきだ」というおしかりの声も多く寄せられました。

私は会う人ごとに、私自身が知事としての責務を果たすこと、とくに琵琶湖の保全や、子育て、女性雇用政策などを実現するために国政に政策提言をする、そのための国政政党の党首であり、自分が国会議員となって国政に行くためではない、と訴えました。しかし、このような私の声はなかなか社会に伝わりませんでした。

ある程度は覚悟していたものの、その集中砲火的な反発は予想以上。私がいくら政策を訴えようとしても、「小沢批判」にかき消されてしまいます。さすがに「小沢さん、なんでこんなに評判が悪いんですか。とにかく表に出ないで、潜っていてください」と直接、念押しをしたほどです。

支持を訴え六千キロ

「びわ湖宣言」を出した翌々日の十一月二十九日には滋賀県議会の十一月定例会が開会されました。本会議に先立つ全員協議会に知事として、今回の未来の党の結成に至った経緯などを説明するようにという要請を受け、会議に臨みました。そこでは、知事としての琵琶湖を守る責務を果たすため、国政に意見を届けるために国政政党の結成をしたことを説明をしました。

議員の皆さんからの質問としては、まず、「県民は知事を県政に集中することを求めて選挙で選んだのに、国政政党の党首となると、東京へ出ることも増え、時間的、空間的にも県政をおろそかにしてしまうのではないか」という県政軽視という意見が最も多く聞かれました。これについては、県政を第一に考え、休日や夜間などに国政活動の時間をふりむける。知事は勤務時間が決まっているわけではなく、知事の政治活動は法的にも禁じられているわけではないが、時間的にもエネルギー的にも県政をおろそかにはしないと申し上げました。

また、「国政政党の党首となると、首班指名を受けるかもしれない。総理大臣は国会議員でないといけない、と憲法にある。国会議員でない党首は不可能ではないか」と憲法論もだされました。それについては、かつて横浜の飛鳥田市長が社会党党首であったこともあり、憲法違反ではないことを伝えました。そもそも、選挙後の首班指名にまで手をあげる気持ちは本来ありませんでした。

滋賀県議会の中には、嘉田政策を支持する対話の会や民主党系会派に対して、折りあらば知事をやめてほしいと思う会派があり、後者の人たちはこの際に嘉田批判をくりひろげ、知事職をやめさせようという動きもあったようです。

十二月にはいって、滋賀県議会はこれまでの慣習から、国政選挙がはじまると予定の議会日程を先送りして、衆議院選挙が終わる十二月十八日までの議会休会が議会により決められました（ちなみに議会を召集するのは知事ですが、日程を決めるのは議会です）。

そこで私も予定していた議会日程がなくなり、日程の自由度が高まりました。十二月四日の衆議院議員選挙の公示から投票日の十六日までの間、前半三日間、後半三日間、全国で「未来の党」として出馬した人たちの応援にでかけました。

福島の飯館村からはじめる

十二月四日の第一声は、原発事故で全村民が避難を迫られた福島県飯館村から「福島を忘れない！」という演説からはじめました。福島原発事故後、初めての国政選挙。民主党、自民党、社民党も党の党首が福島で第一声をあげたことにも表れているように、この選挙は「原発ゼロ」を国民が選ぶかどうかの選挙である、と判断をしました。私は「放射能汚染でふるさとを離れざるを得なかった皆さんの悔しさを未来の党は受け止める。日本から原発をなくし、いのちと大地の安全を守りたい。〝エンピツ一本の勇気〟で未来の党を応援してほしい」と声をあげました。隣の川俣町から演説を聴きにきてくれた女性は、孫子八人で賑やかに暮らしていたのに、子どもたちは町へでて、今はひとりになってしまった寂しさ、福島出身というだけで結婚差別を受ける苦しみなどを切々と語ってくれました。

飯舘村で第一声をあげた（2012年12月4日）（撮影：関口威人）

飯舘村のとなりには、懇意にしている桜井市長の南相馬市もあり、そこでも遊説《ゆうぜい》しました。「時間がたって、余計に苦しくなっている。原発問題は、解決の道はみえない」。桜井市長のことがば重く響きます。たたきつけるような雨の中、南相馬市の公園で演説。「原発いらない！」という声が口ぐちにあがりました。「頼むぞ！」という願いがこもった眼差しに私自身、身が引き締まる思いがしました。

郡山市では、駅前で太田候補者の応援演説。寒風ふきすさぶ中、よほど寒そうにみえたのでしょうか。

演説会場の横には除染廃棄物の黒いビニール容器が山積みにされていた（撮影：関口威人）

ひとりの女性が、真っ白のマフラーをもって走りよってくれ、私の首にかけてくれました。「私たちは福島の子どもの内部被爆が心配です。助けてください」という訴えとともに。後からこの方のお名前（Mさん）も、所属団体名もわかりました。このあと、私は、Mさんの白いマフラーをまいて、日本中、六千キロを応援にまわりました。

前半は福島からはじまり、埼玉県を中心とした北関東、神奈川県を中心とした南関東、そして東京からの立候補者の応援です。埼玉県では、実家がある本庄や卒業した高校がある熊谷などでは、小学校や中学校時代の恩師なども、寒い中、街頭演説にかけつけてくれました。関東地方の演説でも、なぜ自分が滋賀県知事という地方自治を担う立場でありながら、国政に声をあげるのか、訴え続けました。なぜなら、琵琶湖が原発によって汚染される危険性が高いからですと。多くの人から「たった十三キロなんて、そんなに近いと思わなかった」「京都も大阪も琵琶湖の水を使っているんですね」と声をかけていただきました。滋賀県出身の方にも各地で出会いました。「知事が声をあげてくれることは何よりも自分たちの励みだ！」と。

後半は京都や大阪、兵庫など、関西地方の候補者応援にまわりました。地元滋賀県で演説をしたのは大津市の琵琶湖岸で短時間に二回だけでした。これまで県政で協力関係にあった民主党さんの滋賀県選挙に影響を与えてはいけない、と遠慮をさせてもらったからです。

「卒原発」「消費税増税の前に仕事づくりを」「財政再建」

自民党、民主党についで、六十一名という現職議員を抱えていた「未来の党」の代表として、選挙期間中はテレビなどの「党首討論」の場もたくさんありました。発言時間が限られている中で、私が主張するポイントは三点に絞りました。

最初は「卒原発」です。原発の再稼動を認めずに、地域独占の電力会社の発送電分離をし、電力自由化を図ることで、ドイツのような原発ゼロ社会をめざす仕組みを提案しました。原発問題での最大の問題は、燃やせば出る廃棄物の処分方法が決まっていないことです。九月に日本学術会議が出した「日本には安定的に核廃棄物を地層処分できるような安定的な地層は存在しない」との見解にも言及しました。再生可能エネルギーなど、代替エネルギーは経済的にも新しい技術開発とエネルギーシステムづくりで、雇用や内需拡大につなげられる成長経済の柱でもあるということです。

二点めは、消費税問題です。日本社会が高齢化して「騎馬戦型から肩車型に変わり、支え手が少なくなり、年金など社会保障が成り立たないから消費税増税が必要」と野田さん、安倍さんたちは主張します。私は、そもそも肩車型にならないよう、騎馬戦型を維持できるよう働き手を増やす施策を提案しました。具体的には、第一子が生まれると十人のうち、六人の女性が仕事をやめる、この実態を改善するため、女性の仕事の継続を可能にし、いったんやめた人たちに「稼ぎ手」になってもらうための女性の雇用支援、待機児童解消などの子育て支援です。また将来にわたって子どもの数が維持でき、人口減少に歯止めをかけるためにも、子育て家庭の経済的支援（子育て手当て）も約束しました。

三点めは、増税の前に無駄遣いをやめ、次世代にツケ回しをしない財政再建です。知事として必要性の低い新幹線新駅や治水ダムなどの公共事業を中止・凍結をしてきたという実績をもって、公共事業の見直しなどを提案しました。わかりやすい例としてはダムがあります。四十～五十年もかけ、四百億円というお金をかけて治水ダムを建設する計画。治水ダムはすべてを投資しないと治水効果は一センチもありません。ダムにかわり、河川改修や堤防強化で、ほぼ十分の一の五十億円で代替案を提案し、実現してきた滋賀県の例などを紹介しました。私は知事就任後、このような「もったいない」政策で七百億円近く借金を減らしてきました。

白いあったかマフラーを首にまいて、「エンピツ一本の勇気」を訴え、全国各地を走り回った、その距離は六千キロ。テレビやラジオでの訴えもかなり多くの方に耳を傾けていただきました。

敗因を自己分析

十二月十六日の投票日の夕方、東京のあるホテルには、「未来の党」の開票速報会場がつくられました。いくつかのマスコミの知り合いの方から、「きびしい予想です。未来は当選者七〜八人程度です」と聞き、私は耳をうたがいました。「うそでしょう!」。さまざまな予測はありましたが、「最低三十」というような選挙プランナーの声も聞いていたのです。

真夜中に大勢が判明。小選挙区二名(小沢一郎、亀井静香さん)、比例区七名、という大変厳しい結果でした。「惨敗」「党首としての責任を！」という声が記者会見会場に響きます。「敗戦の将、軍を語らず」といいますが、自己分析を、という声もあり、少し語らせてください。

今回の未来の党の直接的敗因は、三点あると、後から自己分析をしました。

一点めは、候補者調整ができず、とくに小選挙区で惨敗したことです。もともと支持者が共通でもある民主党、未来の党が共に出ていた選挙区が一二一区のうち一〇〇区近くありました。小選挙区の乱立は、投票率の低下を招いたとも言われています。無党派層の投票率がとくに低く、票がのびませんでした。

二点めは、時間不足です。候補者調整ができなかったのもそれが原因ですが、それ以上に「未来の党」の名前や政策を訴える時間はあまりにも不十分でした。

三点めは、政党のネーミングや政策浸透に、インパクトが弱く、訴求力が不足していた、ということです。とくに、雇用や生活が切迫している時代、「未来の党」という名称は、多くの方に政策を届ける訴求力が弱い、という指摘も受けました。

構造的敗因については「おわりに」にも記しました。

生活系議員との対立

投開票から四日後の十二月二十日、小沢さんがまた京都まで来て、党役員人事について調整することになりました。私の腹案は南関東の比例区で当選した阿部知子さんに「共同代表」になっていただくことでした。代表の私が国会議員でなく、県議会からも知事と党代表の兼務に抵抗が出ていたため共同代表が必要で、それには阿部さんがふさわしいと思ったからです。阿部さんは子育てをしながら、医師としてのキャリアを積んできました。子どものいのちを守りたい、という思いから、衆議院議員になられ、テレビ討論などでも、おちついたわかりやすい説明で、かねてから信頼をおいていました。福島原発事故後は、小児科医として被災地の子どもの支援にもかかわっている阿部さんなら「びわこ宣言」の理念を受け継いでくれ、政策中心で党を運営してくれると期待したのです。

その他、鈴木克昌さんを幹事長、小沢さんと亀井さんを顧問とする案を口頭で説明すると、小沢さんは自らメモを取って「他のメンバーに諮《はか》ってみる」と言いました。

ところが、この人事案に生活系の議員が猛反発してきます。

鈴木さん本人や参院議員の広野允士さんらから何度も電話がかかってきて、「こんな人事案ではだめだ」。代案を聞くと「小沢共同代表だ」と。小沢さん自身は「一兵卒」と言ってきたのに、と主張しても聞き入れられません。小沢さん本人に真意を確かめようとしたのですが、何度電話しても出てくれなくなってしまいました。知人から「小沢さんは都合が悪くなると〝お隠れ〟になる人」と聞いていましたが、こういうことなのだと気づきました。

クーデター、そして分党

十二月二十四日に私は上京し、まず午前中に亀井静香さんと会って二時間ほど相談しました。亀井さんは私の人事案について「それでいい」と納得してくれました。「小沢も一兵卒と言っていたじゃないか」と。

午後五時からは赤坂の党本部で私と飯田さん、森さん、阿部さん、広野さん、そして谷亮子さんが出席して幹事会を開きました。ところが、そこで一種の「クーデター」が仕組まれていたのです。事務局が党の規約を改めたといって持ってきました。当初の規約では人事などの意思決定は「総会」でとなっていたのに、新規約では「両院議員総会を意思決定の場とする」と変わっていたのです。

私はなぜこんな風に変えるのかと異議を唱えましたが議論になりません。次第に六時から始める予定の両院議員総会に出る議員たちが集まってきました。私は「この新規約は暫定的なものでしょう」としていったん通してしまいました。ところが、いざ両院議員総会が始まると、その規約を決定事項として広野さんたちがどんどん話を進めてしまうのです。

私が提案した人事案には生活系の議員から反対意見が続出。「小沢さんに共同代表を要請する」という動議も出されます。でも、当の小沢さんは欠席しているのです。相変わらず電話には一切出ません。政治家の出処進退を決めるのに、直接会って確認しないのは道義に反する、と抵抗し続けました。谷さんも「小沢さんの意見を直接聞きたい」と言いました。しかし、「両院議員総会の場で結論を出さなければ、閉会できない」と緊急動議が採決され、強引に決められてしまったのです。

閉会後、私はこんなやり方、手続きが「非民主的」だという談話を発表しました。すると、森さんら生活系の十五議員も連名で私を「独裁的」だと非難する文書を出して応酬。まさに泥仕合の様相を呈してきましたが、そこで仲裁に入ったのが亀井さんでした。

亀井さんは二十六日夜に小沢さんと会って、平和的な解決のためにたもとを分かつ「分党案」を決めたそうです。話し合いの直後、「ここはきれいに分かれた方がいいよ」と亀井さんが電話をくれました。分党案は私が言い出したようにも喧伝されましたが、実はこの亀井、小沢会談で決まったことなのです。

私は「未来の党」を信託して投票してくださった比例区三百四十万、小選挙区三百万の皆さんに説明がつく方法を探りました。何よりも政治の醜さを見せたくありませんでした。問題になったのが政党としての法的権限と政党交付金の扱いです。

政党交付金の算定基準日は毎年一月一日で、年を越して分党すればどちらも国政政党として交付金を受け取れました。でも、私はここでずるずると引き延ばしてお金をもらっても「未来の党」がイメージダウンをする。この際すっきりしようと、年内の分党を決めました。最終的に、小沢さんの側は党名変更で「生活の党」となり、八億六千五百万円の政党交付金を丸々受領。一方、阿部さんと私は「未来の党」の看板を引き継ぐ代わりに国政政党の要件は失い、単なる政治団体となって交付金は一銭も受け取らず。「未来の党」としての清新なイメージと政治家としてのえりを正すためです。

それでいい、と決断したその日、私の五人目となる孫が生まれました。息子たちは私が巻き込まれた乱世を慮り、天下泰平になってほしいとの願いを込めて「泰平」という名を付けてくれました。その子の「未来」のために、私はお金ではなく大義をとったのです。ただ、そのときの痛恨のミスは、分党の決定を仲裁の立役者である亀井さんに直接伝えられなかったことです。物事の順序にこだわる亀井さんは腹を立て、生活でも未来でもなく、「みどりの風」に行ってしまいました。

十二月二十八日、大津。私と小沢さん、森さんの三人はそろって記者会見をし、分党を正式に発表しました。お互いに目を合わせられない、冷たい空気が流れる場。京都で会ってから一週間以上、電話に出てくれなかった小沢さんは終了後に一言、「ご迷惑をかけましたね」とだけ言って去っていきました。それが、私と小沢さんとの「成田離婚」の顛末です。

一方「未来の党」については、翌年の一月に阿部知子さんに代表を引き継いでいただき、私は「政策アドバイザー」としてかかわりながら、政策実現を目指すことにしました。

こんな怒濤の日々でしたが、私は正直、それを納得していた面もありました。全国の多くの人にとって「嘉田って誰?」だったでしょう。そうした方々が私の訴えに耳を傾けてくださいました。何よりも、琵琶湖のすぐ近くに若狭湾岸の原発銀座があって、それが千四百五十万人のいのちの水源のリスクになっている、ということを全国に訴えることができました。

あまりにも準備不足、時間不足の中で私の真意が十分に伝わらず、ねじ曲げられて伝わっていることも多々あるでしょう。しかし、本書でここまでに書いた私のバックボーンや信条、知事としての実践を知っていただいたうえで、あらためて地方から国を変えるための自治の実践についてまとめたいと思います。

二十一世紀のリスク社会を生き抜くために

二十世紀は生産物をいかにたくさん生産し、いかに公平に分配するか、という資本家・労働者が対立するマルクス的命題が世界をうごかしました。二十一世紀にはいって、もちろん二十世紀的課題が解決したわけではありませんが、プラスアルファの課題がでてきました。それが、ドイツの社会学者ウルリヒ・ベックが提唱した「リスク社会化」です。環境汚染や金融リスクなど、グローバルな問題が広がり、政治に求められる使命として「いかにリスクを回避するか」という新しい命題がでてきたのです。

ベックの問題提起は、チェルノブイリ原発事故後のヨーロッパ社会、とくにドイツ社会にはひろく受け入れられました。そのような社会的背景が、日本の3・11の福島原発事故直後の三月末の総選挙で、原発ゼロを求める緑の党が大躍進をし、フランスに近いドイツ南部のバーデン・ヴュルテンブルグ州では、緑の党のクレッチマン州首相が誕生しました。それを契機として、メルケル首相が、ドイツの国全体として十年後には原発ゼロという方針を採用することになりました。

しかし残念ながら、福島での大災害を目の当たりにし、十五万人もの人がふるさとを追われ、家族がばらばらになり、子どもの未来への不安をかかえていながら、日本では原発へのリスクを最大の政治問題と考える人たちは多数派とはなっていません。二〇一二年十二月の衆議院議員選挙の結果に表れたとおりです。

しかし、今、日本社会は明らかに災害リスクが高まる時代に突入しています。もともと地震列島であった日本がいよいよ地震頻発期に入ってしまったのです。高度経済成長期は奇跡的にも大地震が少なく、稀な時代でした。一九九五年の阪神淡路大震災、二〇一一年の東日本大震災、そして今、今後三十年以内の発生確率が七〇%以上という東南海、南海地震の被害想定も政府からだされています。

このような時代だからこそ、中央集権体制よりも地方分権型の方が住民のいのちや環境を守れるということを、私は今回の3・11以降強く感じています。

まず今回の福島原発事故のあと、原発の安全性を議論をするのに、電力会社、国、マスコミとも、プラントの安全性ばかりに目がいっていました。あのプラント図を新聞、テレビ、雑誌で何千回みせられたことでしょう。「近代技術的対応」ばかりが強調され、それを見るほうも疑問をもちませんでした。それだけ、技術者依存の意識が高いともいえます。もちろん、事故を起こさないためにはプラントの安全性は第一の条件ですが、いくら機械的な安全を担保しても、建設されている大地が地震で大揺れするのか、津波に洗われるのか、地質、地形条件なども勘案しないといけません。浜岡原発の危険性などにより、だんだん大地の危険性も話題にのぼるようになりました。

同時に、原発立地地帯に隣接する「被害地元」としては、「プラント」の安全性、「地域条件」にプラスしてふたつの条件が必要でした。それは万一の事故の時の「安全確保の協力体制」です。福島原発事故の時、放射性物質の拡散情報が住民に知らされず混乱をまねき、情報があれば回避できた内部被爆をうけてしまいました。また住民の視点からみると、「避難、防護体制、リスク認識」など、被害を最小化する仕組みも必要です。

これらのすべての条件を、住民目線から積み上げていくには、自治体としての総合的な施策が必要です。今滋賀県として、若狭湾岸の原発の再稼働に対して「被害地元」としての

原発から地域を守る４重の安全対策とそれぞれの視点

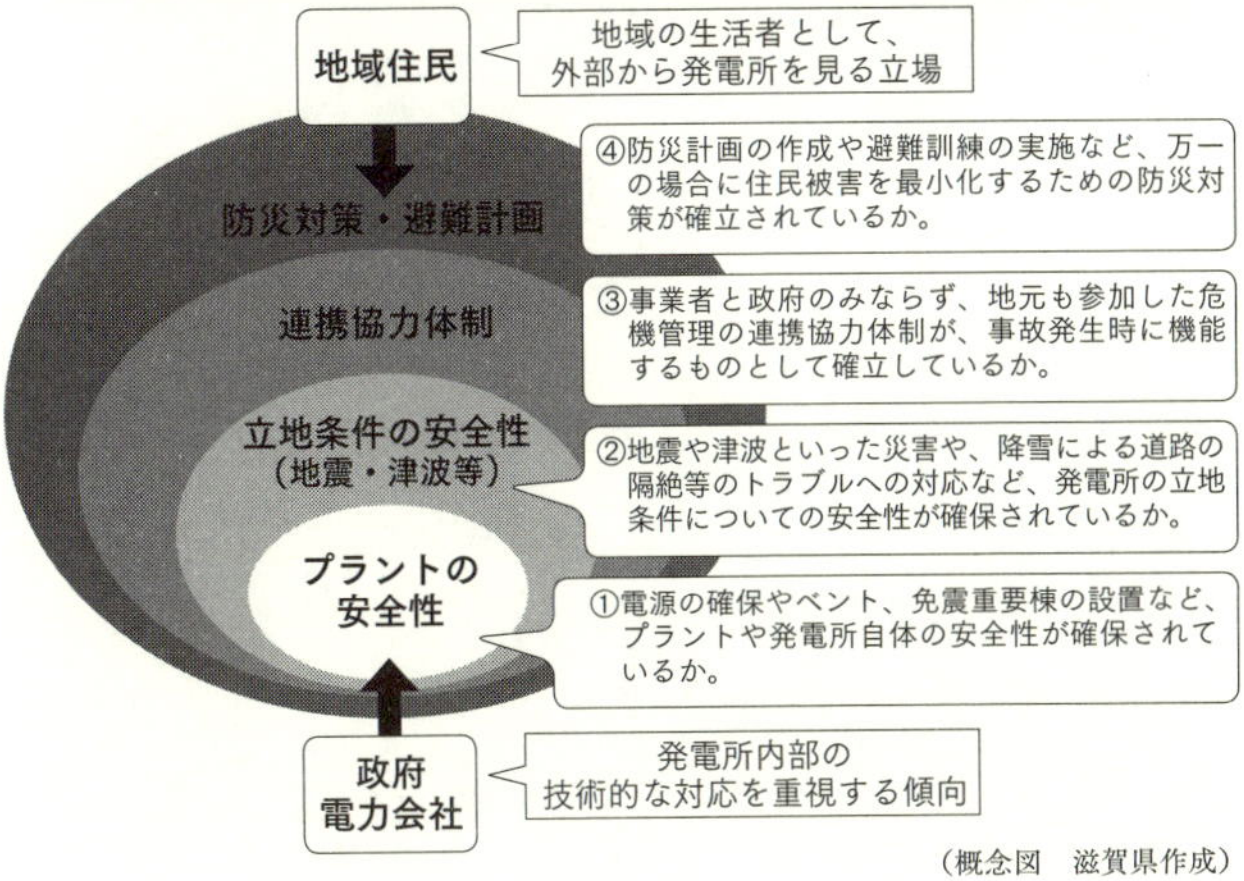

地域住民
地域の生活者として、
外部から発電所を見る立場
防災対策・避難計画
④防災計画の作成や避難訓練の実施など、万一の場合に住民被害を最小化するための防災対策が確立されているか。
連携協力体制
③事業者と政府のみならず、地元も参加した危機管理の連携協力体制が、事故発生時に機能するものとして確立しているか。
立地条件の安全性（地震・津波等）
②地震や津波といった災害や、降雪による道路の隔絶等のトラブルへの対応など、発電所の立地条件についての安全性が確保されているか。
プラントの安全性
①電源の確保やベント、免震重要棟の設置など、プラントや発電所自体の安全性が確保されているか。
政府
電力会社
発電所内部の
技術的な対応を重視する傾向

（概念図　滋賀県作成）

「多重防護」の体制づくりを求めています。また基礎となる避難計画は、滋賀県独自に計算をおこなった放射性物質拡散予測シミュレーションに基づくもので、全国の自治体では、はじめての取り組みです。

このような多重防護の体制は、霞ヶ関の行政システムではなかなか現場に即した対応ができません。とくに琵琶湖が万一放射性物質で汚れたら、関西千四百五十万人のいのちの水源が汚れてしまうことなど、国では考えてくれる省庁も役人もいません。水資源の量的保全は国土交通省（かつての国土省）、水資源の環境確保は環境省、放射性物質による防災体制は、原子力規制庁、元となる放射性物質拡散予測シミュレーションは文部科学省、それぞれに担当部局が分かれ、全体を総括する担当はありません。

地域が自分で身を守ることをしないと、国は守ってくれないというのが、地域を預かる知事としての私の実感です。その具体的なプロセスは第1章にくわしく述べたとおりです。この知事としての原発対応の仕事はまだまだ道半ばです。とくに安倍政権になり、日本中の原発の再稼動を急いでいる中で、何としても二度目の事故をおこしてはいけないというのが私の行政責任者、また政治家としての強い決意です。

ダムだけに頼らず地域ならではのリスク対応

リスク対応は地域からという私の使命感は、第3章で紹介したダム問題にも共通するものです。そもそも私自身、昔から「ダムはムダ」とは考えてはいませんでした。昭和五十年代から水環境研究をはじめた当時、弘法大師が讃岐の国に満濃池をつくったように、大昔から利水のためにため池をつくり、水路をひいて水田を開発をしてきた日本では、ダムは必要なものと思っていました。河川を遮断することによる環境への悪影響も考慮するべきですが、その比較考量をしてダム建設の判断をすべきと考えてきました。

しかし一九九〇年代以降、次第に水需要が減少し、利水ダムとしての役割が減ってきます。「過剰な水需要開発」が顕著になり、各地のダムで水がだぶついてきます。たとえば、琵琶湖周辺で計画されていた大戸川ダムや丹生ダムも、京阪神の水需要の減少にともない、「利水」機能がおとされ、治水だけが残ることになりました。

実は多目的ダムの場合、建設費や維持管理費は、水需要者（水道利用者など）が負担をし、治水部分については公費（つまり税金）で負担することになります。利水機能が残っている場合、治水負担分は比較的少なくてすみますが、治水専用のダムとなると、税金だけでカバーすることになり、財政負担が大きくなってきます。しかし、いったん計画したダムは、利水事業者がひいてもなかなかやめるわけにいかないということで、治水効果をあの手この手で技術的につくりだしてきます。その顛末のひとつが3章で紹介した大戸川ダムの例です。国にとっても無理はありません。実は多目的ダム法などは、建設のための法律であり、ダム建設から撤退する、あるいは「やめるための法律」はつくられていません。民主党政権の二〇一二年春に法案は準備されましたが、自民党政権になってダム撤退のための法案も廃案となりました。

私は日本各地の水害被害地に赴き、過去、いつ、どのような気象条件のもと、どのような

治水安全度と地先の安全度

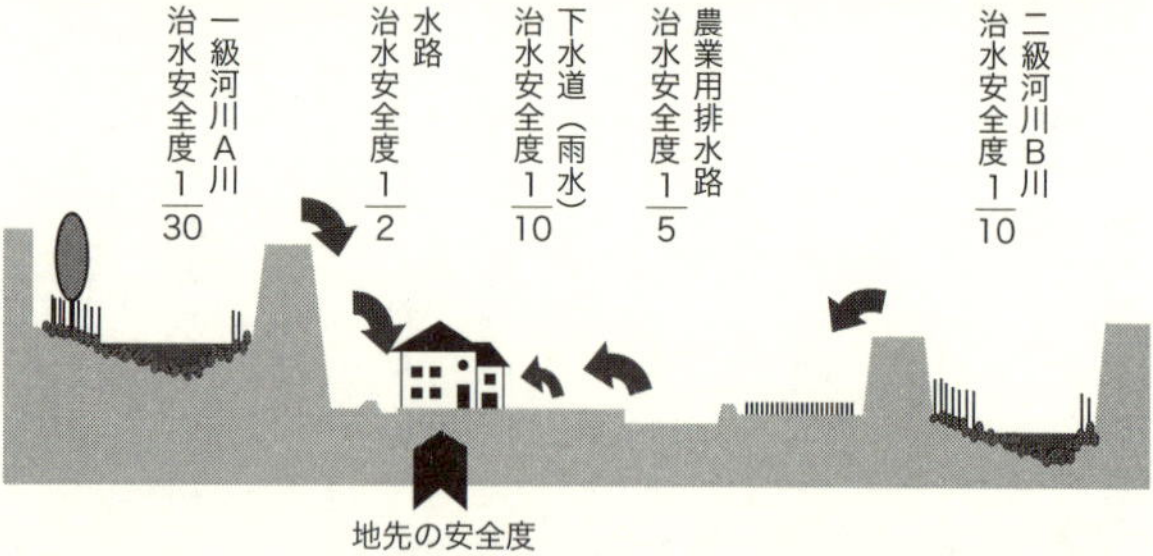

水害被害が起きたのか、その原因究明を環境社会学の観点から進めてきました。工学の観点ですと、河川の水量の多寡と堤防やダムなどの施設の強度などだけが問題にされてきました。まさに原発でプラントの安全ばかりを強調する近代技術的対応と同じ精神文化です。

しかし水害を受けた現場で調べてみると、そもそも遊水地など水が出るところに福祉施設ができていて土地利用の指導が不適切であったり、昔の家はかさ上げして建設しているのに知らずに住んだ新しい家は浸水しやすい建築になっていたり、あるいは避難が遅れて被害が大きくなったりと、まさに社会的要因が大きく関連している事例にたくさん出あいました。

そこで、滋賀県では、地域に暮らす居住者の立場から、水害を「ながす」（川の河川改修や堤防強化）、「ためる」（公園や校庭などでの水の貯留）、「とどめる」（土地利用規制や住宅の建物強化）、「そなえる」（水防や避難体制準備）という四つの視点から、多重防護の治水政策を進めてきました。私が居住者の立場で水害被害のフィールド研究を進めてきた環境社会学の理論が活きたことになります。

この政策の基礎になったのは、県庁の土木系技術職員が中心に開発した「地先の安全度マップ」という浸水想定地図です。河川だけでなく下水道、農業用水路などあらゆる領域からの出水を想定した浸水地図は全国でもはじめての試みで、関西での土木学会賞をもらったほどです。

実は流域治水の政策は霞ヶ関では実現できません。「ながす」対策は河川法、「ためる」や「とどめる」対策は都市計画法や建築基準法、「そなえる」対策は水防法と、準拠する法律がそれぞれ異なるのです。法律に準拠して仕事をするかぎり、流域治水のような横つなぎの政策は国では実現不可能です。滋賀県では、あくまでも住民のいのちと財産を守るという大きな目的を実現するために、縦割りになっている国の法律の隙間を埋めるべく、流域治水基本方針を二〇一二年三月に策定しました。現在、条例化を進めています。これができると全国ではじめての氾濫原全体をカバーする治水政策をめざした条例となります。

二十一世紀型のエネルギー政策は地域から

地方自治を担ううえで、いまとくに力を入れている政策についても触れておきます。縦割りの霞ヶ関の仕事を横につなぐ地方分権ということを考える意味でも大切なことだと考えます。それは、二十一世紀型のエネルギー政策です。

ポイントの一つは、地域住民の参加です。「私たちのエネルギー」のあり方を地域住民とともに決めていくことが重要です。二十一世紀型のエネルギー政策のあり方を、供給側から押しつけるのではなく、需要側から引っ張り出す。この仕組みをつくることが大切だと思います。

二つめのポイントは、それを可能にするための仕組みは、自立・分散型でなければならないということです。原子力など「遠いエネルギー」ではなく、自分たちの頭の上に降ってくるお天道様や風、足元にある水や大地など「近いエネルギー」。これらを自立・分散型エネルギーとして使えるシステムをつくることです。

三つめのポイントは、行政だけに頼るのではなく、「新しい公共」としてビジネスモデルにしていくことです。補助金に頼らない、あるいは旧来型の行政の手法ではないものでなければなりません。行政の役割は、どちらかというと各地域にある力をビジネスモデルとして動いていくようにプッシュ、支援することです。

第1章で述べた「水道型社会とわき水型社会」の比喩がわかりやすいと思います。

このような理想とまったく真逆のエネルギー政策が、一九三九年の戦時国家体制の中で始まった地域独占のエネルギー政策、とくに電力供給体制です。これが七十年以上も地域独占の電力供給体制として維持されてきたのです。

歴史的にたどると、もともと電力は民間の発電と送電から始まりました。日本で最初の水力発電は、琵琶湖水を疏水で京都に引いて京都市電を動かした一八九一年（明治二十四）稼動の蹴上《けあげ》発電所です。琵琶湖下流部には宇治発電所、琵琶湖周辺には大戸川発電所など、各地の川の流れを利用した発電事業が民間で進められていました。

しかし昭和十年代以降の戦時体制下、不足するエネルギーを国家管理のもとで配給する必要から、地域別の独占電力供給体制ができ、現在につながっています。

海外を見ると、イギリスでは国営だった電力会社の発送電分離が一九九〇年代になされ、ドイツでも発電と送電を分離する仕組みが進んでいます。日本でも一九九〇年代から電力自由化の議論が起こり、二〇〇〇年には大口顧客に対する電力販売が自由化されました。

そして二〇一一年の原発事故を受けて、独占的な電力供給体制がいかに原子力依存を強化し、再生可能エネルギーなどを「汚い電力」として忌避してきたか、結果として大規模原発が長期間止まり、不安定な電力供給体制となっていることを、私たちは思い知らされました。しかし、電力会社は「電力の安定的供給のためには現行の独占体制の維持が不可欠」と主張し、地域独占体制の見直しや発送電分離という電力改革には反対をしてきました。

しかし、時代は変わりました。たしかに分散する需要に対して効率的・安定的に電力を供給することは必要ですが、IT技術が進歩し、スマートグリッドなど、需要側と供給側のマッチングシステムは高度に発達しています。

そのようななかで、地域に根ざしたエネルギーのあり方を発信できるのは、まずは自治体です。

遠いエネルギーから近いエネルギーへ

滋賀県では二〇一二〜一三年にかけて、「地域エネルギー戦略プラン」をつくり実行に入っています。この地域エネルギー戦略プランには三つの意味があります。一点めは、今、地球温暖化の影響で琵琶湖生態系が破壊されつつありますが、再生可能エネルギーの利用は「低炭素社会づくり」につながるということです。二点めは、たとえば今、滋賀県では年間二千五百億円を超える電力料金を関西電力に支払っていますが、再生可能エネルギーなどを地域で導入することでエネルギー生産を地域の産業振興と経済活性化につなげるということです。三点めは、今回の大震災でも思い知らされましたが、「遠いエネルギー」は災害時には切断されてしまい、生活へ大きな影響を与えます。再生可能エネルギーという「近いエネルギー」により、いざという災害時の代替エネルギーの確保が可能となります。

滋賀県では、二〇三〇年の目標として、再生可能エネルギーやコジェネレーションのような「近いエネルギー」で、県内全体の電力需要量の約二五パーセントを確保するべく、二十以上のプロジェクトを進めています。とくに家庭と企業による太陽光発電の導入は、二〇一二年の固定価格買取制度の開始以降急速に進んでおり、住民参加によるエネルギーづくりのモデルともなっています。

滋賀県下では市民の主体的な動きも活発です。

ここでは、二〇一二年に発足した日本で初めての信託方式の市民ファンド、「コナン市民共同発電所プロジェクト」について紹介しましょう。

湖南市合併前の石部町には溝口弘さんたちが中心となって「なんてん共働サービス」が一九九七年に日本で初めて市民共同発電所をはじめました。この歴史の上に、今回の取り組みがあります。

湖南市では「自然エネルギーは地域のもの」という考え方から、地域自然エネルギー基本条例を制定。地域で生まれる富を地域循環させたいという考え方がありました。その理念を具体化するのが市民共同発電所です。出資方法は信託方式。市民のみなさんがクリーンなエネルギーに投資しやすくし、その投資から生まれる富を地域商品券というかたちで地域の中の経済循環にまわすという仕組みです。

一口十万円の募集で市民応募をおこない、その一号機が二〇一三年三月十八日に、障害者福祉施設「オープンスペースれがーと」の屋根を活用して始まりました。発電容量は二十キロワットで、屋根の広さが二百五十平方メートル、百四十四枚のパネルを設置し、一般家庭の四軒から五軒分に相当します。

今後、学校やまちづくりセンターなどで市民共同発電をおこなうことで、災害時に地域のみなさんが避難する場所の電源を自分たちで担うことができるようになります。まさに、

「近いエネルギー」を自分たちで構築することが可能となるのです。

東近江市でも市民共同発電の動きが活発ですが、いずれの地域も一九八〇年代から、環境運動や福祉活動など、地域住民の主体的活動が活発になされてきた地域であり、エネルギー政策もそれらの地域活動の歴史の上に展開していることが、特筆すべき点でしょう。エネルギー自治も、環境自治や福祉自治から生まれているのです。

「学者」「女」「よそ者」の中での知事職

滋賀県知事として七年間の政策実現の中で、自分の役割は何だったのか、そして今後どのような役割を果たすべきなのか、今、改めて自問してみると、「学者」「女」「よそ者」であることの利点、欠点、いずれもふくめてのバランスのとれた自覚と評価が必要ではないか、と考えています。

二〇〇六年の知事選挙の時、「学者に何ができるのか？　政治は学者には無理！」とかなり批判をされました。今ふり返ってみると、学者であるから、基礎データに基づいた政策が必要ということで、流域治水の浸水マップなどをオリジナルでつくるよう県庁職員に方向を指示したり、放射性物質の拡散シミュレーションを県独自でおこない、単にコンパスで円をえがく避難計画ではなく、風向きや地形など自然条件に基づいたより合理的な指針を示しました。知事の高度な要求に応えてくれる職員がいることは大変幸いでうれしいことです。職員の力に感謝したいと思います。

しかし、いずれの分野においても「基礎データは?」と求めるがあまり、政策実現にスピード感がなくなる、あるいは実態をみすえて慎重になりすぎて大胆な政策がうてない、という欠点もあるのではないか、と自己反省しています。多くの政治家が「HOW《ハウ》」という手段としての「法的根拠」により政策をつくる場合が多いですが、私の場合には社会現象や自然現象そのものの構図の解明、つまり「WHY《ホワイ》」をまず求めてきたということになり、多くの職員にとっては苦しい、面くらった場面も多かったようです。

また女としては、もともと私は女性性にはこだわりなく仕事をしてきました。しかし、子産み、子育て、自らの仕事と家庭の両立などに直面をして悩んできたので、現在の少子化問題や女性の雇用など、自分の経験を活かして、きめ細やかに効果的な政策を工夫し、実践することができた、と思っています。しかし一方で、「感情的!」「視野がせまい!」という批判も受けてきました。数年前の北陸新幹線のルート議論の時、北陸地方のある著名な国会議員が「滋賀県知事は女性だから視野がせまい。だから新幹線の駅をいらない、などと言う」と批判を受けました。二〇〇六年の知事選挙で新幹線新駅を不要と判断したのは女性か男性か、関係なく、県民なのですが、政治の世界ではそういう説明は聞いてもらえません。まず最初にイメージありきの場合が多いようです。それだけで大きな事業の判断がなされたりする恐れもあります。「女は視野がせまい」といいながら、女性政治家が飾り物的に利用される存在であることは多くの人が認めることです。

三点めはよそもの性です。戦後の民選知事になって、滋賀県生まれでない知事は私がはじめてです。それだけに、選挙の時など、組織的後ろ盾が少なく、不利な面も否めません。しかし、十五歳の修学旅行で比叡山と琵琶湖に出会って感動したように、またその後も滋賀県内各地をフィールドワークする中で、地元の皆さんにとってはあたりまえの琵琶湖の美しさや、「かばた」など生活文化の意味、また十一面観音など仏教文化への憧れは、よそもののゆえかもしれません。琵琶湖博物館の企画も、よそものゆえに地域の価値を全面に出すこともできました。

そのような意味では、特定政党にはかかわらず県民の皆さんの信任こそが、私にとっての支えといえるものかもしれません。そして今、地方の首長に求められているのは、フランスやドイツのように、地域のニーズを反映して国に対して発言力を増しながら、より早く確実に実践を積み重ねて成果をだし、政治への信頼回復を果たしていくことではないでしょうか。

政治の世界に女性、若者をふくめ多様な人材がますます求められる時代になっています。

そのような問題意識から、未来政治塾をたちあげたわけです。紹介させてもらい、最後のまとめとします。

政治を若者、女性に身近なものへ

3・11後、それまで政治に関心がなかった人たちが、政治への関心をもちはじめたと感じました。その典型が、「原発ゼロ」の官邸前デモです。それまで政治を「遠い」と思っていた人たちが、「自分たちがうごかなければ！」と切羽つまった感覚で、政治の場へ声をあげだしているのがわかりました。そこには、子どもをかかえる女性もたくさんおられます。

私は、知事になる前からもかねがね、政治の世界にもっともっと女性や若者が参加することで、生活者感覚に根ざした健全な政治が達成できる、と思っていました。

そこで、二〇一二年三月に、若者、女性を中心に、「未来政治塾」を開講し、政治家を目指す人、政治家を目指す人を支える人に呼びかけました。その呼びかけ文が以下です。

【設立趣旨】

私たちの暮らしも経済も政治の影響を受けている。ただ、多くの人たちにとって、政治は自分たちに「遠い」存在だ。無関係と思っている。だから投票にもなかなか行かない。投票に行かないだけではない。政治家に立候補して投票をしてもらう立場となると「もっと遠い」。親が政治家で地盤がある、政党や団体に所属していて組織基盤がある、経済的余裕ができたので「議員でも」してみようか。そういう一部の限られた人が政治に向かう。その結果、私たちの代表であるはずの政治家に、普通のサラリーマンや子育て中の主婦、女性、若い世代の政治家が少なく、多様な民意の代表者となっていない。

今、日本の政治は大きな曲がり角にある。3・11大震災の後、日本中が深刻な政治不信に覆われているが、一方で若い世代を中心に、政治に関わらなければという新しい動きも起こり、地域政党への期待が高まっている。様々な場所、様々な形で、明治以来の日本の統治機構を変える改革もはじまろうとしている。改革の方向性を共有しながら、日々の暮らしを背負う女性ならではの視点、未来に不安を抱く若者の視点、大都市にはない地方の視点を補完しながら、地方の経済、文化、社会の自律をめざした地方自治が今、求められている。

日本の地方には潜在的な力がひそんでいる。この潜在的な力を「自覚化」して「見える化」して、地域に元気をふきこむためには、若者、女性をふくめて、「政治家の多様化」が求められている。とはいえ、地盤も鞄も看板もない人は、高い志をもっていても、なかなか立候補することができない。選挙の仕組みは難解で、お金が必要になり、違反をしたら大変だ。現状への危機感や問題意識をどうやって政策として組み立てるのか、どうやって政策を訴えるのかもわからない。政治の世界への新規参入の壁は、依然として高いと言わざるを得ない。

そこで、この「未来政治塾」は、さまざまな地域や職種、背景をもつ人たちが政治や行政を学び、選挙の仕組みを知ることで、政治の世界への新規参入を促す場としたい。いわば政治シロウトが政治家に飛び出すための仕掛けである。一方で「この人なら投票をしたい」と思う選択肢が増えると、投票率も高まり、政治の質はあがる。今、少子高齢化が進む中で国民が抱く未来への危機感と、政治の未来への責任を共有できる、そんな政治家を一人でも多く増やしていきたい。

二〇一二年二月

滋賀県知事　嘉田由紀子

多様な政治の世界のために

未来政治塾への応募は一ヵ月ほどで八百六十名を超えました。二〇一〇年の秋に「対話塾」という政治塾生を募集した時には滋賀県内が中心でしたが、二十名ほどしか応募がありませんでした。それに比べると、政治への関心が急速に高まっていたことがわかります。

応募の動機をひとりずつ見せていただくと、三つの傾向がみえました。

まず女性の場合、子育て中、あるいは子育て経験者の方がかなり多い、ということです。とくに、「子どもが生まれるまでは政治と自分の生活は無縁と思っていたけれど、子どもを妊娠し、母子手帳をもらい、出産、子育てと経験すると、いかに自分の生活が政治の影響を受けているかがわかる」という女性が数多くおられたことです。そのため、政治塾としては異例な「保育サービス付き」の塾としました。

二つめは、四十歳までの男性が大変多く、政治学や公共政策などの学生が学びながら将来的に政治家を目指す、あるいは企業で仕事をしながら、政治の世界に飛び込んでいきたい、という前向きな希望が多い、ということです。

三つめは、熟年男性であっても、サラリーマンなど、これまで直接に政治の世界に飛び出す機会が少なかった人たちが、自分の経験や技術などを政治の世界に活かしたい、と思い、応募してきていることです。

いずれにしろ、自営業など、自由度の高い高齢の男性が多い政治の世界に、新しいタイプの人たちが応募してこられました。政治の世界の多様性を高めるという意味でも、これらの人たちが活躍してくれることで、健全な政治世界を育てていきたいという希望をもてました。応募作文をすべて読み、六百七十名の塾生を選び、四月からの塾が始まりました。

具体的なカリキュラムとしては、毎回、二人以上の講師をお招きしました。ひとりは、政策議論を中心とした専門家であり、とくに地方自治体からの政策創造を意識して、先駆的な政策提案を主に話題提供をいただきました。エネルギー政策では飯田哲也さん、地域産業政策では藻谷浩介さん、政治改革では古賀茂明さん、高齢者在宅医療では辻哲夫さんというような論客にお越しいただきました。

もうひとりは、若手の市長や知事など、現場の首長政治家です。なぜ、いつ、何をもとめて首長に挑戦をしたのか、個人史を語ってもらう中で、政治家としての覚悟や夢、希望を語ってもらうとともに、自治体首長として実現してきた政策も語ってもらいました。尼崎市の稲村和美さん、千葉市長の熊谷俊人さん、和光市の松本武洋さん、三重県の鈴木英敬さん、などですが、年度末に改めて、まとめて本を編集し、大きな発見をしました。それは、三十代で首長をめざした人たちの多くが、高校時代、大学時代に阪神淡路大震災を経験し、地獄のような被災地の中で、「地域の自治がなければいのちを守れない」という経験をしていたことです。千葉県の熊谷さんや、三重県の鈴木さんも、もともとは兵庫県出身で、まさにあの大震災を経験して人生観をかえ、政治家を目指したことがわかりました。

これは大変大きな発見でした。というのも、3・11世代はこのあと、十年後、二十年後の日本を背負う頼もしい人材に育ってくれるのではないか、という希望が見えてきたからです。

二〇一三年五月三十日に、福島県の佐藤雄平知事を訪問しました。その時、佐藤知事が、放射性物質で引き裂かれた家族や地域の苦しみを語りながら、「一条の光がみえる」と語ってくださったのは、福島の子どもたちの心の変化です。多くの子どもが自分たちが助けてもらったそのお礼として、「自分は他人の役にたつ仕事をしたい」と、口ぐちに言っているということです。佐藤知事は、「福島から野口英世が何万人もうまれますよ」とおっしゃっていました。明らかに、3・11大震災世代が日本の未来に光を注いでくれています。

未来を見据える覚悟を

二〇一二年十二月の衆議院選挙で、私自身は大きな失望を味わいました。「未来の党」の結成動機は、原発事故の反省なく原発推進をすることは「国家としての品格を失い、地球倫理上も許されないこと」です。そう社会に呼びかけましたが、大きな渦となる支援はいただけませんでした。

今、福島の子どもたちのような3・11世代が育っています。

それならば、まだまだ私自身はこの子どもたちが未来の日本を背負ってくれるように、国際的にも日本が存在感をもって尊敬される国になるように、若い人たちといっしょに政治の世界の多様化をめざして走っていきたいと思います。国家の品格を育てられるよう、その若い人たちとともに。その基礎となるのは、いのちにこだわる知事としての地方自治の実践です。

衆議院議員選挙では、若い人たちの改革への結集の場は表だっては見えませんでした。しかし、問題意識は地下のマグマのように、煮えたぎっているのではないでしょうか。この問題意識をいかに顕在化するか、その支援は彼らの親世代である私たちの責任でもあります。未来を見据えた覚悟が今、求められているのではないでしょうか。

あとがき

前著『知事は何ができるのか』を発刊してからまる一年。知事という、地域にとっての大統領のような責任と権限を通じて、私は、子育てや女性・若者の社会参加、高齢者の医療介護福祉、琵琶湖の環境保全政策や、地域の魅力を発見・発信する内需拡大の社会経済政策、そして治水対策などの安全・安心を埋め込む政策、そして何よりも、行政のムダ遣いによる次世代ツケ回しをしないという財政改革に力をこめてきた。孫子世代の安心を担保する地方自治を実践するためだ。

昨年十二月の衆議院議員選挙で「未来の党」を立ち上げ、その代表として国政選挙をたたかったのは、地方から日本社会を変えたいという意気込みからだった。しかし、結果は厳しいものだった。

なぜなのか？　本文では時間不足など直接的要因を指摘した。しかしもっともっと根深い構造的要因がみえる。

まず今の選挙制度、とくに小選挙区制度が小党の参入を許さない構図となっている。小党はまさに多数の死に票ゆえ、国民の願いを受け止めきれなくなり、二〇一二年の衆議院議員選挙では、得票率が約三割の政党が当選者約七割を占めるという結果となった。「一票の格差」を問題とし、「法の下の平等」を求めるなら、死に票をできるだけ少なくするドイツのような比例中心の選挙制度に改善する必要があるだろう。

二点めには、国政は地方選挙と異なり、地方自治での実績による緻密な政策を訴えるには、政策議論の回路が細すぎることだ。マスコミ主導のスローガンや争点が一人歩きし、表層的な議論が中心になってしまう。しかし、今のような中央集権の仕組みでは、国政で何が決まるかが地方行政の根幹をなす。国政から地方への一方通行、地方の事情に通じていない人たちが決める法律や財源配分が地方をしばり、税金のムダ遣いや非効率な政策プロセスを生み出している。それゆえ、ドイツやフランスのような、地方首長が国会議員と兼務できる「国と地方の活きた人的回路」が必要となるのではないだろうか。

三点めは、国政選挙では人物評価や政策評価ではなく、政党所属かどうかという政党による評価が優先していることだ。その結果、地域事情を知らない経験不足で未熟な国会議員が多数生まれることになる。かつて小泉チルドレン、小沢チルドレン、そして今回の安倍チルルドレン。未経験で地域での根が張られていない国会議員が続出することは、政治への信頼をますます損ない、国民にとっても不幸ではないだろうか。

せめて参議院は衆議院のカーボンコピーではない「良識の府」として、中長期的な日本の未来、国際社会での日本の位置づけなど、大所高所から議論できる人物を選ぶべきではないか。そのためにも、参議院議員には国際経験豊かな国際公務員や研究者、音楽・芸術などの表現者、地方自治の責任者など、多様な人たちの参画が求められるのではないだろうか。

このような構造的課題を指摘しながらも、「未来の党」としては、二〇一二年十二月の衆議院選挙で支持いただいた比例区三百四十万票、選挙区三百万票の皆さんの「エンピツ一本の勇気」に、来る参議院選挙やその後の国政選挙に応えなければならない。「原発ゼロ」を実現するための電力改革プロセスを示した経済社会構造の大転換を提示する「卒原発」、子ども、若者、女性、高齢者、障がい者が参加し支え合う社会をめざす「共生社会」、地方のことは地方で決める「地方分権」、そして諸外国、とくにアジアの中での日本の役割を自覚した「平和構築」主義。この四点を示して次なる支持をいただくため、阿部知子衆議院議員が代表となって仲間集めをおこなってきた。神奈川県選挙区の露木順一さん、東京都選挙区の丸子安子さんなどが未来の党の政策をかかげて参議院選挙予定候補者として準備をしてきた。

しかし先に述べたように、有権者が迷わないようにするためにも、今の選挙制度では少しでも小党乱立をふせぎ、政策が近いグループの合従連合が必要だ。そこで「未来の党」は、二〇一三年五月に共通政策が多い「みどりの風」と、「緑の党」（長谷川羽衣子さんほか共同代表）に、「みどりの木」構想として連携をよびかけた。何度もの膝詰め交渉の結果、「緑の党」は単独でたたかうことになり、「未来の党」は「みどりの風」との連合体制をとることが可能となった。谷岡郁子代表のほか、TPP反対を掲げる元農林水産大臣の山田正彦さん、全村原発避難を強いられた福島県双葉町の前町長の井戸川克隆さんなどが比例区で手をあげつつある。選挙区では愛知県で平山誠さん、山形県で舟山やすえさん、島根県で亀井亜紀子さん等が予定候補者として手をあげている。

今、参議院議員選挙の日程が提案され、七月二十一日が投開票日という運びとなりそうだ。安倍政権は、「原発再稼動」「原発輸出」に舵を切り、3・11以降の国民の奥深い不安に答えようとしていない。撤回はしたものの、自民党政調会長の「福島の原発事故で直接の死者は出ていない」という原発再稼動を正当化する発言は、彼女のホンネではないだろうか。福島の被災者の方の今の苦しい生活状況と引き裂かれた心を思うと、政治家として許しがたい発言である。このような不見識な方が政調会長である政党に国政をまかせていいのか、本質的疑念をもつ方は少なくないだろう。このあと、七月八日の原発「新規制基準」の確定から、いよいよ「再稼動」「原発輸出」時代にはいるのだろうか？　福島原発事故を起こす前の原子力ムラの体質をひきずったままの政党がすべてを決める国家でいいのか？

それは、今、ここにいる国民の選択にゆだねられている……。

本書をまとめるにあたっては、前著同様、風媒社の林桂吾さんに大変お世話になった。時間のない中、私自身、公務の合間をぬっての夜間の執筆となった。また編集長の劉永昇さんの方針の元、ライターの関口威人さんのお世話にもなった。

風媒社は今年で創業五十周年となるという。出版事情が厳しいなかで、地域政治、地域文化の発展に寄与していただいた。とくに生活者の意識や視点を重視して、活字で社会に問うていく、その姿勢に深く共鳴するものです。

参議院選挙の公示間近な二〇一三年六月末日

嘉田由紀子（滋賀県知事）

［著者略歴］

嘉田由紀子（かだ・ゆきこ）

1950年埼玉県本庄市生まれ。京都大学大学院・ウイスコンシン大学大学院修了。農学博士。1981年滋賀県庁に入庁し、琵琶湖研究所研究員、琵琶湖博物館総括学芸員を経て、2000年京都精華大学人文学部教授。過去30年以上にわたり琵琶湖周辺地域を歩き、人々の暮らしと琵琶湖とのつながりを学ぶ。2006年7月、新幹線栗東新駅や県内6つのダム、廃棄物処分場などの高コスト公共事業の凍結・中止を含む「もったいない」マニフェストを掲げて当選。県職員の力を結集して公共事業の見直し政策を約束どおり実現。2010年7月には「もったいないプラス」をかかげて県政史上最高得票で再選。

著書に、『生活世界の環境学』（農山漁村文化協会、1995年）、『水をめぐる人と自然』（有斐閣、2003年）、『生活環境主義でいこう！』（嘉田由紀子：語り、古谷桂信：構成、岩波書店、2008年）『知事は何ができるのか』（風媒社、2012年）、『若手知事・市長が政治を変える　未来政治塾講義Ⅰ』『地方から政治を変える　未来政治塾講義Ⅱ』（いずれも学芸出版社、2013年）など多数。

いのちにこだわる政治をしよう！

2013年7月21日　第1刷発行　（定価はカバーに表示してあります）

著　者　　嘉田　由紀子

発行者　　山口　章

発行所　名古屋市中区上前津2-9-14　久野ビル
電話 052-331-0008　FAX052-331-0512　風媒社
振替 00880-5-5616 http://www.fubaisha.com/

乱丁・落丁本はお取り替えいたします。　＊印刷・製本／シナノパブリッシングプレス

ISBN978-4-8331-1104-1

北川石松／天野礼子 編

巨大な愚行 長良川河口堰

◉政・官・財癒着の象徴

多くの反対の声を無視して進められる長良川河口堰建設という愚行を、北川元環境庁長官の証言、研究者・新聞各社長良川担当記者の分析、地元住民の声、最新の資料から告発する。

二一七五円＋税

瀬尾健

原発事故…その時、あなたは！

日本の原発で重大事故が起きたらどうなるか？　近隣住民の被爆による死者数、大都市への放射能の影響は…？『もんじゅ』をはじめ、日本の全原発事故をシミュレート。原発安全神話を突き崩す衝撃の報告。

二四八五円＋税

小出裕章／中嶌哲演

いのちか原発か

四十年にわたって〈反原発〉を貫き、現在最も信頼すべき科学者と〈西の原発銀座・若狭〉で地域の反対運動を続ける僧侶が、フクシマ後の日本を語り合う。3・11の衝撃から一年、私たちの未来は？

一二〇〇円＋税